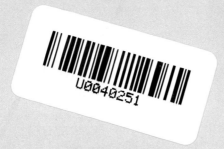

我的阿娘·莊淑旂傳

第一位女中醫師的國寶級養生智慧

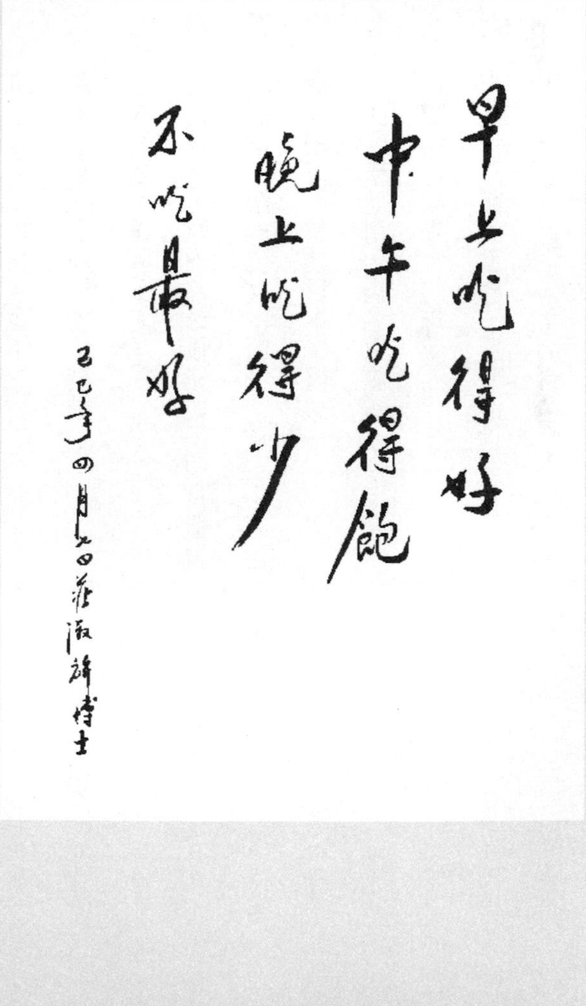
早上吃得好
中午吃得飽
晚上吃得少
不吃最好
己巳年四月廿四 莊淑旂博士

目錄

母女篇：追隨阿娘的歲月

傳承篇：阿娘傳給我們的智慧

感恩篇：一顆回饋的心

附錄：

作者序

在台灣諺語中有這樣一句話：

一枝草一點露，
天無絕人之路。

這句諺語的意思和我的阿娘莊淑旂博士的一生非常貼切，在台灣的農業社會裡，時常用這一句諺語來勉勵大家「**寶貴時光愛拍拚（拼命），自然會有一條生路，著親（比如）像連一支枝草仔，上天嘛（也）也賜伊一點露水，互伊活落去（給他活下去）。共款（同樣的），人嘛是按捏（這樣），只要照步來，自有上天的相助。**」在阿娘莊博士96歲的歲月中，充滿著傳奇和挑戰，每遇挫折，她就體悟到「**自己的路自己走，何必強求別人與自己悲歡；自己的傷痛在心房裡何必強求別人與自己共度；生命造就了自己就是自強，力量給予了自己就是創造希望。有歌就盡情地唱，有淚就痛快地流，生命的過程不必總是陽光，但是拼命呼吸和散發智慧是自救救人的良藥！**」在台灣、日本、中國大陸、香港……，只要有華人的地方，都知道莊淑旂博士的名字，因為大家都知道她不凡的一生和健康養生智慧，激勵了多少人的希望和重拾多少病患的健康，因此她在台灣人的心目中，已經是一位「國寶級」的防癌教母和坐月子養胎養生大使了。

我的阿娘莊博士歷經6年內相繼失去罹癌的父親和先生，頓時變成一位上有老母下有5位子女的寡婦，不僅要面臨生活的壓力，還要承受命運的捉弄，但她憑著過人的意志力，一步一腳印，逐漸走出一條健康大道，她的一生奔波台、日兩地，實踐了許多第一的可能——

台灣第一位女中醫師

第一位以外國人身分在日本創立基金會的人

第一位以台灣漢醫師的身分擔任日本皇后美智子的健康管理師和日本皇室健康顧問

全球第一位研發「防癌宇宙操」的人

全球第一位提出「今天的疲勞今天消除」，天天遵循「3：2：1飲食原則」，「早上吃好、中午吃飽、晚上吃少，不吃更好」的人

全球第一位提出「要按照標準型、駝背型、上腹部突出型、下腹部突出型四種不同體型飲食」的人

全球第一位提出「女人有三春：初潮期、坐月子和養胎期、更年期」及每月生理期都需

慎重努力保養的人

全球第一位提出「要尊重每個食材天生自然的味道和功能，要多吃養生原味餐」的人

全球第一位提出「要與癌共存主張」的人

全球第一位提出「如何生活不生氣主張」的人

全球第一位創造「坐月子、養胎、養生第一健康品牌」的人

台灣第一位創辦防癌、防老性質基金會的人

第一位將日本紅薏仁種籽引進台灣，無私貢獻給農委會台中改良場的人

台灣第一位鼓吹要注重早餐的養生專家

許多年以來，我一直跟隨阿娘莊博士在海內外推廣「自我健康管理與防癌宇宙操」的工作，如今已有數十年了。這期間，精通中西醫的阿娘也曾多次返台，常有感於國人日常飲食生活習慣的不當，如腹部普遍脹氣、食物攝取不均衡、嗜吃鹽糖混合物或油炸高熱及辣椒等刺激性食品，容易造成各種前癌症狀及老化的現象，卻渾然不知，深覺婉惜。因為有感於台灣高齡人口日益增多，如何照顧高齡長者的問題極待有心人關注，所以，在西元 1988 年成立了「青峰社會福利事業基金（後改名為「莊淑旂基金會」），來推廣各種防癌、防老和自我健康管理的預防醫學觀念，幫助更多人瞭解健康也可以自己管理的。

回顧這60年，我們奔波在全台各縣市和國外，與各機關、學校、民間社會團體合作，共舉辦了600多場演講及各種展示活動。將這套「自我健康管理與防癌宇宙操」推行到各個角落，受益嘉惠者共達60萬人次，盛況非凡。

在每一次的演講迴響中，都有許多感人的故事，每當聽到朋友們在學習阿娘的這套保健、飲食方法及防癌宇宙操後，讓不適的身體症狀得以復元的見證時，我都有一股使命感鞭策自己——一定要將這套好方法傳遞給全球的人，分享給大家，享受健康飲食生活的喜悅。

1989年，莊博士把她對阿嬤的思念全部寫在《阿娘》這一本書上，副標是〈介紹高齡者過身心快樂的生活〉，以青峰基金會的名義出版，這一本書裡不僅充滿阿娘對阿嬤濃郁的懷念，還把她對阿嬤的照護細節交代的非常清楚，每當她想到與阿嬤相處的點點滴滴，都會把《阿娘》這一本書一看再看，當時我的感覺是阿娘把這一本書當成她的另一本回憶錄。2015年，阿娘壽終正寢，在睡夢中安詳離開人世，享年96歲，這是她老人家最希望離開的方式——含笑而終，阿娘以她經年累月的飲食生活方式和多年堅持的健康理念與方法，身體力行，故而得以最安詳的方式離開我們，這是福報，也是阿娘長久認真又嚴謹力行自我健康管理和養生原味飲食生活的成就。如今，阿娘過世將屆兩年了，每回入夜我總是久久無法成眠，我想念我的童年、我想念我在日本陪伴阿娘的16年生活，這些回憶縈繞在我的腦海裡，於是在2016年我開始動筆，把我對阿娘的思念寫成了《我的阿娘，莊淑旂傳》，副標是〈第一位女中醫師的國寶級養生智慧〉，在她傳奇的96歲人生中，處處充滿挑戰，她不被命運擊倒，她不向挫折認輸，這就是人生智慧的精髓，當她把中西醫寶貴的知識救人濟世時，又讓我們看到了無價的養生智慧，她的人生就是一部健康精華的活字典，多麼值得您我學習和效法！

莊壽美寫於關渡老莊大廈

2016年11月

生命篇

阿娘動人的生命之歌

一、迪化街藥鋪的查某囝仔

一個小毛頭努力賺錢養家

我家的「起家厝」，起源於阿公莊阿炎先生在日治時期創辦的「廣和堂」中藥鋪。阿公的阿爸莊振龍先生，廣東省梅縣人，和阿公的阿娘莊邱氏桃妹結婚後，在中壢新屋開一家雜貨店。清光緒二十一年（西元1895年，日本明治二十八年）起，日本統治台灣，那時候新屋有一個叫胡阿錦的無業遊民是個抗日分子，阿公的阿爸擔心會遭到牽連，便帶全家人躲到山裡躲藏，避避風頭，等到事情告一段落，返回家裡一看，所有的家當統統都被清掃一空，頓時之間，家裡一無所有。有一天，阿公的阿爸走在路上，碰到一件意外事，嚇得他心臟病發作，撒手人寰。

阿公在家中排行老大，底下抱養2個弟弟，當他的阿爸過世後，他只好帶著他的阿娘和2個弟弟逃到鄉下避難，住在草寮仔，天天以番薯藤、青菜隨便煮一煮填飽肚子，那時候物質缺乏，一切從簡，只得用石頭起火。為了以後的生活，阿公先把他的阿娘和弟弟安頓好，這時候的他剛好10歲，一個10歲的小毛頭，就光腳走路從新竹走到台北，找一份工作維生，當時大家物質條件普遍不太好，沒鞋子穿是窮人家常有的事。在路途中，他因為肚子餓，找到一個賣油條的攤販，為了餵飽肚子，他先從學賣油條做起，1條油條批1塊錢賣2塊錢，薄利多銷。後來到處幫人打雜，勉強糊口和接濟家人，聽說大稻埕很繁榮，就業機會多，於是他跑到中藥店當囝仔工（童工），偶爾還兼做點臨時工，當時阿公做的事很雜，什麼粗活細活都要做，比如幫人盛飯、到煙館幫人通鴉片煙管、倒痰盂、尿壺等等。

15歲小夥子展開藥鋪人生

阿公到了15歲，才跑到大稻埕陳海濱的中藥鋪（位於永樂町五丁目二七九番地）當學徒，當時要栽培一個熟練的藥材專家非常不容易，除了看中醫師肯不肯給機會教你，還要看學徒有沒有慧根和耐性，在大稻埕中藥鋪「師傳徒，父授子」的情形很普遍，阿公非常聰明很有遠見，親眼目睹當時大稻埕的繁榮和移民社會的台灣十分需要傳統醫學解除病痛，因此在學習的歲月裡，起了創業的念頭。居間，陳海濱的藥鋪生意逐漸下滑，因而欠了一些債務，阿公給他出主意，不如批發一些藥材，如人蔘、當歸、肉桂等到偏僻的地方（今天的圓山、大直一帶）銷售，也可接一些鄉下人的訂單，應該可以廣闢財源，果然只花1年的光景，就幫陳海濱的債務還清了。後來陳海濱過世後，留下妻小3人，因為孩子幼小，故陳妻央求阿公繼續幫忙，阿公相繼接來他的弟弟和阿娘到台北，於是一家人在台北租房過生活。

阿公努力追上「烏肉」阿嬤

我的阿娘莊淑旂博士每次和我聊到阿公和阿嬤的戀愛史，眼睛都會閃出一些些動人的神采。聽她說，有一天，年輕的阿嬤穿著一身白衣黑裙，又細又柔的腰身，隨著又圓又有肉的臀部，踩著裹小腳走在大稻埕的茶街上，一搖一擺婀娜多姿，阿公剛好路過，一見到阿嬤，馬上被吸引住，不知不覺的跟隨阿嬤回到家，從此展開瘋狂的追求。當時阿公事業有成，經常往返於大稻埕的酒樓「江山樓」、「蓬萊閣」等藝旦間，當他被阿嬤吸引住了，那些俗粉胭脂也隨之拋之腦後了。

阿嬤姓劉，名「烏肉」，家裡做的是肉粽、鹼粽、油飯、米糕的生意，當阿嬤出生後不久，她的阿娘因為得鼠疫而病逝。那時候是日治時期，日本當局嚴格規定得傳染病過世的喪家必須以草繩圍起來，禁止通行，還要消毒。而阿嬤的阿爸無力養育阿嬤，故用裙子包著她將之放在路邊，期盼有人收養她。過了2天，一對劉姓賣麵夫婦撿到阿嬤，因為曝曬了2天，皮膚黑黑的，所以把阿嬤取名為「劉烏肉」。阿嬤的養母家是做大麵（油麵）的生意，店鋪前兼賣一些金鉤蝦（蝦米）、木耳等乾貨。阿嬤時常在店裡幫忙。

阿公自從愛上了阿嬤，就打定主意要娶她為妻，所以展開攻勢，親自向劉家求婚，同時也拜託當地的「保正」上門提親，但是阿嬤的養母斷然拒絕，因為阿公年紀已近40，又是個「迌迌囡仔」（浪蕩仔的意思），一些如賭博、抽鴉片、喝酒、上酒樓的惡習全沾上了，對一個女孩子來說不是很適當的對象，雖然阿公再三向劉家保證結婚以後會改掉一些壞習慣，不過阿嬤的養母深怕阿嬤嫁過去，會淪落為「乞食婆」，始終不肯答應這門親事。不過，阿公和阿嬤是真情真意愛上對方，只好私下來往，後來阿嬤懷孕了，但是平日做大麵的工作不能停，懷孕害喜的情況也很嚴重，阿公心疼捨不得，就把阿嬤帶出來。養母早料到阿嬤可能會離家出走，所以把阿嬤所有的金飾，如耳環、手鐲、金項鍊統統拿走藏起來，阿嬤只能空手離家，雖然阿公的家離阿嬤的家只有幾間房子，但是阿嬤卻因為鬧成這樣回不了娘家，內心深處總是一個遺憾。

當時阿嬤懷的就是阿娘莊淑旂，因為「病子」（害喜），常會想吃一些時節不對應的東西，例如鳳梨，但是阿公還是請託別人到屏東購買給阿嬤吃，當阿嬤一拿到鳳梨，當下就一人吃完整個鳳梨，阿公一點也不在意，只要心愛的人想吃什麼，他一定想方設法買給阿嬤吃，阿公就是一個鐵錚錚的漢子，說到做到。阿娘告訴我，阿公的眼光非常厲害，後來阿公挑中了現今為內雙溪的一塊地，蓋了祖厝，所花的錢在當時是可買一條迪化街的天價，完全由人工搬運建造，辛苦的蓋了一棟與世隔絕、完全可以自給自足的世外桃源，在好山好水的優良環境下，孕育家和萬事興的福報，足見阿公十分有遠謀有才華，知道這樣的好地方。現在祖厝廣和堂還在，三不五時我就去走一走，有時候和親友挖掘沿路的竹筍，拿回家中炒一炒或煮成湯，非常鮮美；還有滿山的橘子和祖厝門後盛開的蘭花、茶花、桂花和吃不完的蔬果、雞、鴨、牛、豬、羊、蜂蜜等等。想到祖先篳路藍縷，憑著雙手開創事業的艱辛，不禁讓我油然生起欽佩和尊敬之心。

阿公獨具慧眼創辦「廣和堂」中藥鋪

大稻埕原來是北部平埔族「奇武卒社」的居住地，在清朝中期以前，只有一些漢人和平埔族在這裡居住和耕種，因為有一大片曬稻穀用的空地（稻埕），因此稱為「大稻埕」。清咸豐元年（1851年），一個叫林藍田的人為了躲避海盜的搶劫，從雞籠（今基隆）跑到大稻埕定居，他原本是以「賣搖鼓」（販賣雜貨的流浪攤販）維生的小生意人，後來賺了錢，在當時的「中街」（今迪化街一段）蓋了一家店鋪，店名叫「林益順」，成為大稻埕的第一間街屋，當時迪化街四周仍是一大片農地。2年後（1853年），艋舺發生激烈的移民械鬥「頂下郊拚」，勢力單薄的「下郊」同安人，打不過「頂郊」的三邑人，只得追隨「郊商」（清朝到日治時期參加公會的商號）領袖林右藻，跑到大稻埕。這時候大稻埕已經有林藍田所建造的店鋪，不過，林藍田沒有私心，接納了這群「下郊人」。林右藻和同伴於大稻埕安身後，赤手空拳重建家園，他和兄弟在林藍田的「林益順」店面旁邊，陸續蓋了「復振」、「復源」、「復興」三家商號（今只剩「復振號」）做生意，同時組織郊商，成立廈郊「金同順」。他大老遠跑到香港、廈門一帶招商，吸引他們來大稻埕起卸貨物，並且邀請官府掃除海盜，因此促進了和內地之間的生意。

商場上沒有永遠的敵人，後來還招來了原本敵對的艋舺「泉郊」、「北郊」，一起繁榮市場，共同組成「三郊」，並由林右藻擔任三郊總長。因此，大稻埕逐步替代了艋舺，變成當時台灣最繁榮的商業區。阿公創辦的「廣和堂」座落於今天迪化街一段207號，從今天的歸綏街到台北大橋，屬於迪化街的「北街」，又稱「尾街」，這裡最大的景觀就是清朝閩南式店鋪的建築，幾十年的老店鋪到今天依舊氣宇軒昂，例如：214號的「林豐益商行」，約有90年的風範，銷售砧板、蒸籠、炊具等為主；228號的「勝源金紙店」，商品以各式喪葬祭儀用品為主；287號的「李甘香油行」，經營了約80年，自銷磨製苦茶油、黑麻油和花生油等；309號「李亭香餅鋪」，更是祖傳四代的老餅鋪，自製自銷各式傳統糕餅；334號的「進成魚丸店」，在日治時期開始營業，除了賣大小魚丸、甜不辣、燒賣、雞捲十餘種外，還兼做新鮮的魚漿。阿公的中藥鋪位於其中，至於為何取名為「廣和堂」呢？有一說是他來自廣東梅縣，所以取用「廣」字，及期望事業和平順利，故取用「和」字；事實上，阿娘親口告訴我，阿公取名叫「廣和」，是為了廣結善緣，和氣生財的意思。到了1895年第一次中日甲午戰爭期間，阿公花了一筆錢裝潢「廣和堂」，原本「廣和堂」內可以飼養豬、種花、種橘子和筍類等蔬果，採取四合院的設計，是一種庭園式的住宅，這是典型大家族齊聚一堂，自給自足，與世隔絕的世外桃源，現在看到的新的迪化街的「廣和堂」完全是後來改建的風貌留下來的。改建後的建築特色，在於角地的圓弧形立面做了處理，展現現代主義簡潔線條的造型，尤其磨石子工法非常細緻，裝飾圖案展現了中藥鋪的悠久風範，內部的樓梯則以磨石子工藝裝修梯面和扶手。

◀廣和堂今天的風貌，是從日治時期改建而來的。

▼清朝迪化街北街、中街、南街分布。

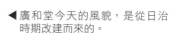

阿娘莊淑旂的誕生，展開不凡的一生

1920年11月26日這一天，22歲的阿嬤懷胎了10個月的女娃娃誕生了，當時33歲的阿公一些好友曾定理相命師、紳士辜顯榮、李仔春（春生）等人都在「廣和堂」等待阿娘的降臨，也在取名字方面出了一些主意。阿公當時的想法，如果是兒子，取名為「旂」，旂是一種在旗旒上畫龍，並在旗竿竿頭繫鈴作為裝飾的旗子，有旗開得勝、凱旋歸來、勝利、和平的意思；如果是女兒，取名為「淑」，有良好、美好、賢淑的意思。本來，阿公看阿嬤的肚子尖尖的，以為會生出兒子，沒想到等阿娘出生後卻是個女兒，阿公失望之情溢於言表，在房裡踱來踱去，一下子仰天嘆氣，一下子低頭不言，曾定理相命師等好友幫他出主意，就把兒子、女兒的名字並用，取名為「淑旂」，從此造就了阿娘不凡的一生。阿娘10歲的時候，就會辦簡單的流水席，大人都稱讚她聰明能幹，此外她因為耳濡目染，也會站在櫃台抓藥，當時客人喜歡吃在室女抓的藥，傳說藥效比較好，所以阿娘人氣越來越旺，讓「廣和堂」門庭若市，生意興隆。

阿嬤生下女兒後，因為長期思念她的養母，加上所有的首飾都留在娘家，導致情緒不穩，因而奶水不足，變通之下，想出用「米奶」（加上糖或蜂蜜）、麵茶或傳統糕餅來餵飽剛出生的囡仔。阿娘告訴我，她小時候因為個頭小，大家都叫她「矮仔旂」。而她的雙腿又細又長，平常走路喜歡蹦蹦跳跳的，阿公和阿嬤暱稱她為「雀鳥ka」（閩南人稱呼人的腿細長為麻雀腳）。阿娘小時候和其他小朋友不太一樣，喜歡白天睡覺，晚上哭鬧不停，所以會吵到鄰居的睡眠，阿公阿嬤不知如何是好，幸好三叔公想出一個好方法，藉由敲打抽屜的把環發出扣扣扣的響聲，讓阿娘分心就不吵不鬧了。

阿娘兩歲的時候，阿嬤和娘家恢復了來往，阿嬤的養母「大麵阿嬤」非常疼愛阿娘，經常抱她到家裡玩，「大麵阿嬤」因為看在阿娘這麼惹人疼愛的份上，慢慢地，對於阿嬤曾經離家出走的事也就釋懷不再計較了。每一次阿嬤因為阿娘做錯事想責打她時，她就會躲到「大麵阿嬤」的背後，往往奏效可以省了一頓打，因為她的關係，阿嬤和她養母「大麵阿嬤」的來往越來越密切。當阿娘5歲或6歲的時候，「大麵阿嬤」搬家到三重埔，想賣掉舊家，阿娘把這件事告訴了阿公，阿公告訴阿嬤想用較高的價錢把房子買下來，以報答他們對阿嬤的養育之恩，當「大麵阿嬤」知道後，內心非常感動。而阿公買下來的房子就是位於今天迪化街一段207號的現址，他買下來後就在這裡開設「廣和堂」中藥鋪。阿嬤的生父後來續絃，所以阿娘又多了一位祖母，叫「米糕阿嬤」。「米糕阿嬤」很愛喝酒，阿公就會陪她喝幾杯。所以，阿娘一共有三位阿嬤。阿公對阿嬤的爸爸非常孝順，有趣的是阿公從來不用正式的稱呼敬稱他，老愛暱喚他「臭耳仔」或「米糕公」。阿嬤的爸爸住在大龍峒，後來阿娘在書法家曹秋圃先生位於大橋頭的學堂讀書時，課堂在二樓，阿嬤的爸爸通常到永樂市場門口販賣粽子，每當賣完粽子，就會買一些肉丸或傳統餅給阿娘吃，也會塞一些零用錢給她。所以她只要聽到課堂外傳來一聲聲「矮仔旂」的呼喚，她就會很開心地跑下樓來，打開雙手迎接她的外公。

阿公要阿娘學漢文做個爭氣的孩子

阿公很有民族意識，所以反對阿娘接受日本人的教育，希望她學習漢文，在她6歲的時候，就送她到國學老師曹秋圃先生開設的「澹廬書房」拜師學習。曹先生是一位非常知名的書法家，原名阿澹，後易名容，字秋圃，號澹廬、半庵道人、菊癡、

莊淑旂博士的父親莊阿炎先生。

莊淑旂博士的母親劉烏肉女士。

老嫌、海角耕夫，詩名水如。9歲入「正學書堂」，拜師於何誥廷、張希袞、陳作淦、陳祚年等位。以迴腕運筆法見長，成熟期在40至50歲之間。20歲以前學楷書，後來以古篆隸書揚名，晚年傾向行草與楷書。隸書受呂世宜的影響，風格轉為古樸渾穆。從隸書轉入行草，是其最大的特色，書法富有濃厚的禪意與詩意。阿公以前認識曹先生，就經常帶著阿娘到曹先生的家走走。曹先生先教阿娘念《三字經》，先習寫「上大人，孔乙己」描紅，再教她寫書法。後來，陸續習讀《四書》、《幼學瓊林》、《商業尺牘》、《詩經》、《易經》、《隨園詩選》、《隨園女子詩選》等書冊，奠立良好的國學基礎。她告訴我，那時候書房約莫有30幾個孩子一同學習，但是只有她一個女學生，在書房裡擺設一張孔子供桌，上面有一尊孔子瓷像，都是她每天仔細擦拭、燒香、敬茶的。她的毛筆字深受曹老師的影響，平日時常練習寫書法，在撰寫病歷和處方的時候都以毛筆書寫。

阿娘每天學習的時間很固定，上午到澹廬書房念書，下午回到「廣和堂」幫忙家務和藥鋪的事。因為阿嬤在生下她以後，曾經懷過一胎男孩，但是因為意外跌倒導致流產，事後卻沒有妥善調養身體，時常頭昏，種下長期臥病在床的病根，只要一起身就會嘔吐，只能躺臥被人餵食。由於阿嬤氣惱阿公讓她再度懷孕，所以都是由阿娘餵她吃東西。後來阿公因為阿嬤不能再生育的緣故，所以領養了兩個親戚的兒子為養子：添慶叔是阿娘叔叔的兒子，益善叔是阿娘姑姑的兒子，這兩位叔叔非常認真和孝順，深得阿公的疼愛。

阿娘從小學藥理和料理一絲不苟

阿娘從6歲開始學習料理家務、煮飯，每天從書房放學後，就守著小烘爐燉豬蹄膀、魚翅、滷肉等；8歲時，又學洗衣服、切藥、炒藥等。她說，一忙起來，就會一邊洗衣一邊背誦藥方，因為她喜歡接觸中醫也想學起來，常常會買一些傳統醫藥書籍回家進修，十分用功。阿公有時候也會帶她出門遊玩，偶爾到藝旦間喝酒，挑選下午6點左右他下班時，他會請她先坐上停在家門口的人力車，下了班他就跳上車和她前往藝旦間。阿公在藝旦間總會指定要吃豬肚尖這一道料理，由固定的總鋪師烹煮，這道菜的做法不是很難，先將鍋子燒熱，豬肚放下鍋內快炒，需炒得脆脆的，脆度就像新筍一般；如果吃魚翅，就需要另一位總鋪師來煮。阿公吃飯需要3位總鋪師服侍，她說雖然阿公看起來很擺派頭，但是他有分寸，也很顧家，也要她瞭解男人出門在外過的是什麼樣的世界，以後有夫妻生活，就會比較知道丈夫的需求，不會輕易吃醋和動怒。不過，聽她說，阿嬤每次知道阿公去藝旦間，總是發脾氣罵阿公「老不修」（即老了尚不知羞恥）。

當時，台灣知名的紳士辜顯榮和李仔春（春生）等人是我們的鄰居，經常到阿公的「廣和堂」中藥鋪聊天、喝茶、看報，串串門子。辜顯榮的家就住在今天大同區歸綏街303巷9號，離「廣和堂」很近，這是一幢1920年代前後建蓋的豪宅。辜顯榮很疼愛阿娘，經常把她抱在懷裡；有時候會帶阿娘去他家走走。聽長輩們說，阿娘滿週歲時，辜顯榮特地送了一只金帽仔花和一只金手鐲，還有一件粉紅色外衣，禮數非常周到。

辜顯榮的住家，是當時的豪宅，十分氣派。

阿娘從小記憶力特別好，學習力很強，每天看到中藥鋪的夥計們洗藥、切藥、炒藥、烘藥、煎藥，一系列的製藥過程統統記起來了，在耳濡目染下，對一些藥名自然而然也印入腦海裡。阿公在她小時候就對她嚴格教誨，所謂嚴師出高徒，記得在她5歲半的時候，阿公帶她去參加元宵節的燈謎大會，她就騎坐在阿公的肩膀上，當時出了一道謎題：「甕中藏鱉」，打一藥名，她反應很快，當下就知道答案了，於是她用她的小指頭敲了一下阿公的頭，細聲告訴他：「炙耆」，因此得了一塊金牌。後來，又有一道謎題：「乞丐在路邊參詳（閩南語，意思是商議）」，打一藥名。阿娘知道謎底是「蘆薈」，不過因為看到旁邊的老阿公沒有猜出來，她不便說出答案。她的個性，就是不逞強，不愛現寶，不喜歡和人競爭，很低調，很保守，一心只想幫助別人解除病痛。

阿娘好問好學，12歲就當小助手

阿娘9歲的時候，阿公的一位朋友郭昌，她喚他為昌伯，有一天來到「廣和堂」，看到阿公一邊吃飯一邊講2支電話，就喊著：「仙仔（大家暱稱阿公為仙仔），你只生一個女兒，何必太認真。」阿公一聽百感交集，想到昌伯家裡有10個兒子，阿嬤又不能再生產了，心裡的滋味不好受。平常阿公很喜歡吃她煮的飯菜，但是一連3天都沒有胃口吃不下，她關心問阿公怎麼一回事，阿公口氣不好地回應她：「生妳這個查某囝仔鬼，大漢是外頭家神仔，有什麼路用？」（閩南語大漢是指長大時；外頭家神仔是指女性是賠錢貨，嫁出去就是人家的，沒有用！）當時她年紀太小，聽不懂阿公的話，但是她很貼心，抱著阿公撒嬌說：「我才不要嫁人呢，我要永遠陪伴著您們。」阿公一聽到她軟軟又甜甜的童語，忍不住笑出聲來。不過，善解人意的她知道阿公阿嬤的失落感，因此非常上進的買了好多書來看，特別是醫書，有眼科的、婦科的；如果遇到先生媽（其他中醫師的母親）來店裡，她就會準備一些好吃的點心款待她們，順便向她們學習，所以她說除了學到阿公的醫術外，她也學到很多別人的祖傳祕方和傳統的自然療法，現在想起來，覺得她從小乖巧，奮發上進，擅用學習的管道，不拘一格，多聽學多問是她一貫的學習態度，才會造就日後博學的阿娘。

阿娘12歲的那一年五月，阿公的助手劉全興因為端午節假日在家裡，因故和養母吵架，怒氣沖天導致吐血身亡，一時之間找不到人手幫忙，她和2位弟弟暗自在半夜幫阿公把隔天要使用的中藥材包好，後來阿公看到她手腳靈活，因此答應了她可以在店裡充當助手，阿公親自教她包藥要細心和有耐性，也因此她不再到澹廬書房曹老師那裡上課了，她從此就在店裡幫忙，有時候一些中醫同行的醫師來店裡抓藥，也會順道教她一些醫理，她每天接觸中藥、中醫師，加上自己勤奮吸收醫書、藥書的知識，宛如一位小博士。

阿娘說她不是一位美女，在舊社會很少看到女孩子拋頭露面站在店裡幫忙，不過台灣習俗有個說法，如果病重者吃下未出嫁的女孩包的藥，病就會好得快。所以可想而知，她的身分無形中吸引了很多的病人來看病和抓藥，只要病人痊癒就會塞一些紅包和禮物給她，逐漸地她的「千金小姐包的藥」名聲遠播，慕名而來的病患越來越多，這是阿娘和阿公始料未及的地方。

阿娘從小研讀醫書，充實自我

阿公對阿娘期許很深，教她認藥、抓藥的時候也非常嚴厲，比如說，當歸有分成「歸身」

（長在地上的部分；功效是補血）、「歸尾」（功效是活血），整支就叫「歸全」（功效是補血活血，調經止痛，潤腸通便）；甘草要不要去皮、麻黃要不要去節、拔了蕊的麥門冬，作用各不相同，需要一一認識清楚，中國傳統藥學有它深厚的底蘊。她說，中國傳統醫藥學有著強大的生命力，我們的祖先從生活體驗裡，累積了許多疾病防治的寶貴經驗，從夏朝到春秋時期的醫藥家擺脫了巫醫活動的羈絆，藉由疾病診療的創進、藥酒和湯劑的產生、早期醫事制度的設立和專職醫師的出現，使得中國傳統醫藥學逐漸走上獨立發展的道路，而戰國時期的《黃帝內經》，除了提出陰陽平衡、藏象經絡、針灸運氣學說等學術觀點，也仔細闡述養生、物候、氣象學的內容，建立了傳統醫藥學基本理論的初步體系；到了秦漢時期，也為傷寒、內科雜病和外科等臨證醫學的初期發展打下良好的基礎，淳于意在《診籍》中，為後世醫家建立了醫案書寫的典範，張仲景的《傷寒雜病論》為內科學的發展建構了不起的理論架構，而外科鼻祖華陀則以「麻沸散」做了外科手術的創舉，而東漢的《神農本草經》除了為中國藥物學知識做了首次全面系統性的總結外，還提出藥物的「三品分類法」，對歷代本草學的發展起了深遠的影響。每次她對傳統醫藥的知識侃侃而談時，不由得令我欽佩萬分，我何其榮幸身為她的女兒，也從她的身教如沐春風，如魚得水。

往後，阿娘在店裡忙進忙出，一邊從實際臨床經驗裡獲得活生生的案例，一邊研讀中國傳統醫學的書籍，比如經常要背誦《湯頭歌訣》、《本草備要》、《草木春秋》、《雷公炮製》、《醫宗金鑑》、《本草綱目》、《傷寒論》。在這些醫書裡，特別要提的是《傷寒論》，這是紀起鳳老師加上他獨特的心得，努力教她的，像嚴重急性呼吸道症候群（SARS）襲台時，阿娘以中醫傷寒論的觀點解讀，認為肺臟的疾病和腸胃功能互為表裡，她告訴我們隨時隨處可做防癌宇宙操、腹部按摩法，並吃蒸粥，有助於消除疲勞、消除腸內的脹氣，進而提高免疫力，儲備健康本錢對抗傳染病。她從《傷寒論》得到很多寶貴的內科治療觀念和做法。2003年3月30日她接受中央社記者陳清芳的採訪，就提到SARS就是傷寒論的「陽明熱」，傷寒論中所提到的「津」、「液」不單含有萬物養生的營養，也含有抗死的因素，也就是免疫力。增加免疫力，最重要的是「能免則免，自免勝於他免」，靠外來的補品、口罩是不夠的，更重要的

莊淑旂博士與啟蒙老師——漢學家曹秋圃。他豎起大拇指稱讚她是所有學生第一。

莊淑旂博士曾向紀起鳳老師請教《傷寒論》，獲益良多。

是在日常生活中，持之以恆為免疫力打底，不要靠別人或外來的東西。她告訴記者她在40多歲時，當時先生病故，她得了感冒肺炎併發肺積水，興起自殺的念頭，但是一想到5個小孩和老母親要照顧，只得下決心要好起來，之後所思所想都是在日常生活、飲食活動中增強免疫力，並落實在孩子的生活中。她常說，充分睡眠和休息，均衡多樣化的營養，適當運動，開闊心胸，智慧的思考，今天的疲勞今天消除，免疫力自然而然提升，如果遇有外來的病原，自己的免疫力就能消除它，這聽來宛如天方夜譚，不過卻是知易行難的道理。

阿公在內雙溪蓋了莊家的「祖厝」

阿公除了經營「廣和堂」中藥鋪外，賺了一些錢，轉投資買有樂町的土壟間、米間和麵乾間。此外，通過地理師陳必發先生的介紹，在今天的內雙溪購買了9甲地，這就是我們莊家的「祖厝」，當時阿公的好朋友曾定理相命師等人，都來幫忙看此地的環境風水，當時的說法，此地四周有虎豹獅象，對面有象山、象鼻，有一邊有虎豹，另一邊是獅，獅的後面有竹林，叫「獅弄球」，坐東望西，在地勘學上可說地理位置很好，後來就將原本位在中壢的祖墳遷移到這裡。值得一談的是我們根據地理師的說法，在此建蓋了一座坐北向南兩護的四合院，全部占地百坪，由阿娘的老師曹秋圃先生題字。當時阿公費盡心思打造這一座祖厝，所有戶蹬的石頭都是從外地採買；另聘20幾名的長工一步一步地爬上山扛運上去。阿娘說，那時候內雙溪到故宮，遍地是田埂，看不見道路，所以建材都必須由外面搬上山裡，而一塊磚塊只需1毛錢，但挑磚費卻需花幾倍的價錢，總計阿公在這座祖厝花了6萬多元，一般三落厝（三進房）店面價值1000元到1200元不等，所以6萬多元足夠買下一條迪化街，足見阿公的眼光和魄力，堪稱了不起的「企業家」。

當祖厝蓋好後，阿公特別請阿仙仔叔公坐大位，叔公是阿娘祖父的弟弟，從事農耕，在她祖父經營雜貨店時，他三不五時來雜貨店拿

莊家祖厝大廳供奉祖先牌位。

位於台北近郊內雙溪的莊家祖厝門口。

莊家祖厝屋梁上的裝飾斗栱。

莊家祖厝後面的一口井雖然已經停用，但仍有歲月的痕跡。

東西，阿娘的祖母很大方也肯給。當阿娘的祖父過世後，阿公曾經向這位叔公借一斗米，但被拒絕，所以，阿公請叔公坐大位時，她的祖母很不諒解，阿公委婉告訴她的祖母，雖然叔公不肯借他米，卻激勵了他許多向上的鬥志，才能有如此的成就，因此他還是感謝叔公。她確實從阿公身上得到了很大的啟發，也理解困難時如果得不到幫忙該如何自處和自理。

阿公多角經營，還飼養蜜蜂

阿娘從6歲開始打理家務，到了10歲宛如一個小大人，因為是獨生女，所以身負重任，而且阿公還從事養蜂事業，他在內雙溪養蜂，如果遇到颱風，她必須穿著布袋衫，帶著2個弟弟添慶叔和益善叔，騎著腳踏車到內雙溪把蜜蜂櫥用繩索綑綁好，然後用石頭壓住。那時候阿公飼養的蜜蜂約莫有100多箱，她和兩位叔叔約花3個多小時才能張羅好，而且不管風雨有多強烈，他們一定要完成任務才能回家。颱風來去很快，有時候去內雙溪可以過橋，但回家時橋卻被水淹到無法通行，只得翻越阿秋伯的山，再經過士林回到家，通常颱風的消息都是漁夫到永樂市場賣魚的時候通知大家的，因為漁夫對天氣的變化比任何人都特別注意。

阿公為何要養蜂呢？因為中藥鋪經常會用到蜂蜜，為了讓藥草達到最佳的效果通常都需要蜂蜜。蜂蜜中的冬蜜，是蜜蜂吃菜頭（白蘿蔔）花、橘子花所釀的蜜，呈現乳白色，冬蜜有消炎的效果，如治腸炎和腦炎的「陸一散」中的蜂蜜，就一定要用到冬蜜；還有治肺炎兼利尿的「青草攪汁加冬蜜」。而龍眼花蜜也是個好東西，這是蜜蜂吃龍眼花所釀的蜜，呈現咖啡色，性溫和，如果年紀大的人身體虛弱，想增加體力，可以六錢當歸加一兩蜜耆，就是我們所知的「龍眼花蜜」了，它有熱身的作用，坐月子的產婦也可以吃。阿公常教她認識一些藥理，例如喝蜜是要吃補還是吃涼一定要弄明白，不能隨便，有一次叔叔清洗龍眼花蜜的桶子，沒有清洗乾淨，平時如果桶子的花蜜用完以後都要清洗乾淨，留待下回再用。因為沒洗乾淨，聞得到花蜜的味道，阿公發了一頓脾氣，阿公常說蜜蜂勤勞釀蜜是「晴天預存雨天糧」，我們要學習蜜蜂的精神，勤儉持家，好天要積歹日糧，不要等沒錢時再來嘆氣。她說在她還沒滿10歲時，阿公就在經營養蜂場了，讓她有機會接觸了蜜蜂的世界，藉由養蜂得到了許多寶貴的知識，甚至，養蜂的櫥子是她和家人一手用木板、鐵絲隔成格子做成的，通常一個櫥蜂裡聚集蜂王、工蜂、雄蜂3種蜜蜂，蜂王為了繁殖，雄蜂為了與蜂王交配，工蜂為了採蜜，各有各的責任，牠們是團結分工的昆蟲，她從牠們身上認知很多勤勞奮勉的精神。

阿娘從迪化街的廣和堂走路到內雙溪通常要花3個多小時，後來阿娘學了騎腳踏車，就在車子的把手和後座放了4個空油桶，去的時候桶子是空的，回家的時候，車前放2桶裝滿20斤蜂蜜的蜂桶，後車座也放了2桶，所以一個小小的「矮仔旂」一路載了足足80斤的蜂蜜

❶ 莊家祖厝位於幽靜的內雙溪內。

❷ 莊淑旂博士（左）與契妹阿粉。

❸ 內雙溪廣和養蜂場。右上五手拿蜂櫃者為莊淑旂博士，右六是母親劉烏肉，第二排左一是父親莊阿炎，右四蹲者是莊阿炎的助手劉全興。

❷

❶

❸

回家，足見她的耐力非常高。因為阿公要製藥，所以自己養蜂製蜜，阿公認為自己養蜂才會仔細控管蜂蜜的品質，所以我們家釀的蜂蜜特別純，也有很好的口碑，往往賣到缺貨，她說當小孩發燒時，當媽媽的幾乎都會來買蜂蜜，和著青草汁餵小孩吃，因為有這個偏方，當媽媽們看著小孩病好了，就會帶一些豬腳麵線或著伴手禮來「廣和堂」答謝，她雖然年紀小，但是每回遇到這樣有溫情的回饋，內心總是很滿足。

14歲的阿娘治好侄兒「阿老」的病

有人問阿娘，她是什麼時候對醫學產生興趣？她告訴我，那是她13、14歲的當頭，遇到了侄兒生了一場病。話說阿公的二弟喜歡抽鴉片，她管他叫「鴉片叔仔」，他到30幾歲的時候，才和一名鄉下女孩結婚。結婚後生了4個男孩，但都夭折了，生到第5個男孩時，取名叫「阿老」。在阿老滿週歲時，生了病發了高燒，轉成肺炎，當時永樂市場的郭小兒科醫師告訴家人回天乏術，只能等死了。「鴉片叔仔」的太太傷心的把孩子放在一塊木板上等死，只見男孩手腳冰冷，肚子脹大，氣如游絲，身體不時的抽搐著，阿娘一時想到以前有一位「先生媽」到店裡抓藥的藥方裡，有一帖藥是針對手腳冰冷、發高燒、肚子脹氣、拉肚子、身體虛弱的人，這帖藥方是：拿「灶心土」（烏土）煮水，以土1水10的比例來煮，等水清澄後，取水加肉桂、茯苓、黑薑（薑要烤黑）、雞內金（雞肫內膜）、胡椒粒、黨蔘煎煮，然後拿湯匙一口一口滴入病人的口裡。

因為當時阿娘年紀小，當她煮好了這帖藥後，因為「阿老」嘴巴緊閉，牙根咬緊，她扳不開他的口，剛好店裡有個叫李明達的夥計，她請他幫忙扳開「阿老」的牙齒，於是慢慢的滴了十幾滴藥到他的嘴裡，不一會兒，「阿老」冷不防吐出很多痰，又放屁，逐漸有了脈動，而且氣也順暢了，當他發出吞嚥的聲音不久，又吐出好多好多的痰和放了很多很多的屁，她知道應該是救活他了。後來不斷的灌藥，他的尿清了，不再拉肚子了，大便也變硬了，每天的病情更加的好轉，當時她不懂這帖藥方的藥理，直到大了才知道因為藥方的炭素刺激了腸胃蠕動，使得腸壁可以吸收，所以「阿老」不再腹瀉，大小便可以分得清楚，但是炭素不能吃太多，過多會得咽喉炎。後來，「阿老」病情好轉，她接著給他吃一種「黑米粥」，這是用米炒黑，加水燉煮的粥，然後再改吃一般稀飯，這些都要逐步增加食量才行，不能操之過急。

阿娘救活了「阿老」，信心大增，對傳統醫學的興趣更加濃厚，而全家大小也對她讚譽有加，一個小小年紀的女孩居然有此神通廣大的本事，對她的未來更是滿心期待。後來，又有一個賣金紙店的小孩也生了和「阿老」一樣的病，她用米酒加老薑，以10比1的比例燉煮，再以毛巾浸濕熱水、擰乾，趁毛巾熱時把小孩的手腳包起來，然後按摩他的手腳，按摩每個骨節、虎口，而且還要拉筋，如此過了2個小時，小孩終於醒了過來。她回憶起來，在她10歲到16歲期間，她總共用這個方法救活了3個小孩的命。

二、為了不當慰安婦，匆忙結婚

阿公臨時通知幫阿娘找到對象

阿娘18歲的時候，日本當局下令台灣16歲以上的未婚女子需調派到軍中當看護婦或慰安婦，阿公和阿嬤非常緊張和擔心，四處尋找女兒結婚的對象，聽她說她原本不想嫁人，所以對父母熱心找對象的事並不熱中，而她在曹秋圃老師的書院上課時，早有一個談心的對象，甚至這個男孩子的父母還登門談親事，但是他是獨子，礙於阿公和阿嬤要求入贅，親事就談不成了。

一天上午，阿公告訴阿娘已經幫她找到對象了，下午對方會來送訂，晚上完婚。事實上，當天一訂完婚後30分鐘內就完婚了。因為決定很倉促，她陪嫁的物品沒有繡好，臨時找了以前的朋友林泚三的女兒菱兒等5人送嫁，這些送嫁的姑娘後來也擔心受到徵調當慰安婦，沒多久也找人嫁了。

阿娘在結婚當天連丈夫叫什麼名字、出身背景等等完全不知情，甚至阿爸和伴郎站在一起時，伴娘還跑過去請教誰是新郎，才請他坐到她的身邊。後來才知道阿爸陳右樂是她的舅媽家的親戚，排行老三，父母很早過世，家住在三重埔，在一家日本人開設的染布店做事，比她大4歲。據說，阿爸以前來過藥鋪抓過藥，見過阿娘。在婚禮當天她和阿爸拍了一張結婚照，晚上她和阿爸才正式交談和認識，他們是結婚後才培養感情的。

阿娘和阿爸的婚姻生活

阿爸入贅到阿娘家後，就在內雙溪家裡的養蜂場工作，那時候阿爸有漢文的底子，也會說日語，因此他教她五十音，心情好的時候喜歡吹口哨，她說口哨後來成為他們倆之間的暗號，當藥鋪生意忙碌時，客人說話的聲音比較吵，阿爸就會吹口哨，讓她馬上知道他的意思。婚後不久，

16、7歲的莊淑旂。拍攝者為其同窗好友。

她就懷了第一胎，也就是我的大姊莊安繡，人家說這是「入門喜」。往後，她的肚子很爭氣，一年生一胎，一直到阿爸病逝，算算他們的夫妻相處時間整整9年，因為阿爸是入贅，阿公和阿嬤事先和阿爸講好，生男孩則姓莊。

阿娘頭一胎生下女兒，日本名字是安子，台灣光復後改名為靜芝，又叫安繡，當時阿公和阿嬤欣喜得到第一個孫女兒，所以也將大姊從莊家姓，後來她生了老二就是我壽美、老三是妹妹靜芬、老四即長子國治，都姓莊。直到阿爸病逝後，阿娘生下遺腹子即么兒再生，為了延續阿爸的香火，則姓陳，那時候她排除親戚要她打胎的建議，堅決生下二弟從父姓。

莊淑旂與陳右樂的結婚照，當時莊淑旂 18 歲。

婚後 4 個月，莊淑旂與陳右樂於新房內合照。此時莊淑旂已懷有 3 個多月的身孕。

阿娘從日本產婆學到照顧孕婦產婦的撇步

阿爸還沒結婚工作的地方，1樓是染布廠，2樓住著一位日本產婆。這位日本產婆教導阿娘很多台灣坐月子時如何照護孕婦、產婦的知識，比如說孕婦在懷孕5個月的時候需要綁肚子、「病子」（害喜）需要吃哪些健康的食物、嬰兒出生後如何綁臍帶、產婦生產後要如何綁肚子等等，當她坐月子時，阿爸非常疼惜她和照顧她，完全遵照這位日本產婆的撇步來照料她，她有7天沒有沾到一滴生水，光是這一點阿嬤完全不能理解，因為她自己對這一方面的知識比較陌生，而且只有生產阿娘一胎的經驗，懷第2胎又流產，所以對阿娘如何坐月子可以說一竅不通。幸好，有這一位日本產婦的傳授，她本身受益，也將這一套傳統照顧孕婦和產婦的寶貴知識和經驗流傳下來，並加以研究改良和發揚光大，現在莊家的子孫都善加保留這一套照顧孕婦、產婦的知識和做法，繼續嘉惠給未來的媽媽們。

如今，我和我的雙胞胎女兒惠如和美如，還有妹妹靜芬和她的長女在懷孕和產後，都是用阿娘傳承下來的這一套孕婦、產婦照顧法身體力行，特別值得一提的是束腹方式，可以用在生理期和產後期。坐月子時子宮會自然的收縮，請把握此良機。好好的綁腹帶，要留意以防內臟下垂，因為內臟下垂是婦女病和未老先衰的根源，並會因此而產生凸出的小腹，所以在坐月子期間須綁腹帶以收縮腹部及防止內臟下垂，如果原本就是內臟下垂的體型，也可趁坐月子時，勤綁腹帶來改善。

所使用的腹帶為一條很長的白紗帶，建議準備兩條以便更換，因為產後須熱補，比較容易流汗，如果汗濕時應該把腹帶拆開，並且把腹部擦乾再灑些痱子粉，然後再重新綁緊，如果汗濕比較嚴重時，須更換乾淨的腹帶。綁的時候須躺著綁；又一般的束腹帶或束褲，不僅沒有「防上內臟下垂」的效果，而且更有可能壓迫內臟，使內臟變型或產生脹氣，而造成呼吸困難或下腹突出的體型，請務必注意用對再綁好。

使用的腹帶為白紗布，長度約為個人腹圍12圈半293公分，寬度約14至15公分，捲成圓筒狀。腹帶的綁法如下：

(1) 仰臥、平躺、把雙膝豎起，腳底平放床上。膝蓋以上的大腿部份盡量與腹部垂直。臀部微抬起，將下腹部往肚臍的方向推，由「恥骨」處開始纏起。

(2) 兩隻手放在下腹部，手心向前，用兩手邊從恥骨處一前一後往上壓推。

(3) 一開始，要儘量綁緊，再漸漸放鬆，頭7圈重疊纏繞，每繞一圈半要斜摺1次（斜摺的部位為臀部），紮實的綁緊，後5圈則稍放鬆些，每圈約相距2公分，往上寬幅度的繞到橫隔膜的地方後，再以安全別針固定好。

(4) 腹部捆綁、拆卸的時間：
早晨起床、梳洗、方便完後，即捆上腹帶。午、晚餐前先將腹帶拆卸再重新綁緊。
洗澡前將腹帶拆卸，洗澡後再將腹帶綁緊。入眠前將腹帶拆下備用。

(5) 注意：
卸腹帶時，邊鬆邊將布捲起，以備用。夏天易出汗，可墊乾毛巾，汗濕時換下，以兩條腹帶交換使用較合乎衛生。孕婦、產婦均可使用。

腹帶綁法

白繃帶橫向2折，長度為環繞腹部12圈較為牢固。

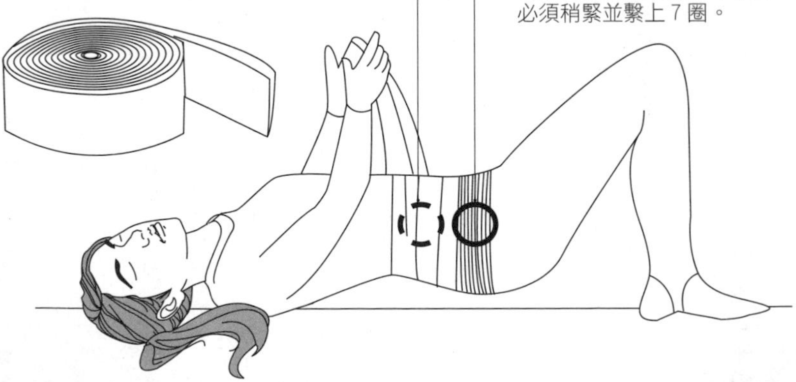
上方綑綁5圈，綁帶之間切勿過緊。
由下腹部開始繫綁，下腹部必須稍緊並繫上7圈。

阿爸努力工作，早出晚歸

阿娘結婚後，阿爸每天一大早就離家上山工作，午餐也是在山上用餐，晚上才騎腳踏車回家，那時候內雙溪的祖厝和養蜂場主要是由阿公的弟弟，也就是三叔公和他的太太負責照顧的，話說阿公病逝後，本來在廣和堂幫忙的三叔公因為長子「成家」從出生後就愛哭，有時候哭到讓人受不了，甚至哭到腸子墜落，阿公設法改善侄兒的哭鬧，聽說換個環境可能有效，於是他買了一張有輪子的竹椅轎，想讓侄子坐在裡面轉移目標，運送的方式是把椅轎放在家中運送豆餅上山的牛車上，一併帶到山上的祖厝。那時候，祖厝還沒落成，只有祖母和長工住在草寮，但是奇妙的事發生了，「成家」一上山，看到微風吹起竹葉，搖曳飄動的情景竟然不哭了，還發出陣陣的笑聲，家人們非常高興，而三叔公和他的太太也就跟著上山工作，因此阿公把山上大小事請三叔公夫婦負責幫忙。阿娘對「成家」照顧得無微不至，週歲後想斷奶卻斷不掉，到了3歲多，她把他帶回家，每晚要睡覺前，用炭灰將火爐的炭火蓋住，讓爐火不會熄滅，這是因為她為了「成家」要燒開水泡牛奶用的，只要扒掉炭灰，馬上就可以燒開水了，她花了1個月的時間，用牛奶和牛奶餅餵「成家」，逐漸的幫他斷奶成功，然後再將他送回山上給三叔公，後來他活了60幾歲才離世。

阿爸忠厚老實又樂善好施

阿爸在山上工作時，三叔公和他的太太對阿爸並不好，午餐幾乎不給肉吃，原因是三叔公認為阿爸是招贅的，不是真正的莊家人。而阿爸是個忠厚老實的人，即便受到欺負也沒有怨言，阿娘時常提醒阿爸，阿公不喜歡別人頂撞他，只要阿公吩咐的事，就努力去做，而阿爸其實是個很聽話的女婿，因此阿公很疼愛他。後來發生戰爭，阿爸被調去「內雙溪防衛團」，團員之間互相協助，阿爸熱於助人，受到團員的愛戴，而阿爸也是養蜂場的理事長，那時候養蜂人家一櫥櫃蜂蜜配給幾斤糖，比如說有100人，每個人100斤，一共1萬斤，就全部配給他，然後再由他分配給人家。他分配糖的時候，寧可自己吃虧，他用麻布袋裝糖，每一袋都是裝得尖尖的，最後剩下的才是發給自己，常常是不到半袋。另外，阿爸還有一個小故事，在前往內雙溪途中有一棵茄苳樹附近，住著一個駝背的老阿婆和一個小孫子相依為命，小孫子幫人放牛賺點錢，他每星期從台北到內雙溪，總是會帶一些米送給老阿婆她們，這件事是到他過世後，老阿婆帶著小孫子來靈堂祭拜時一邊哭著述說透露出來的，當時阿娘更加捨不得他的離去，她欣慰先生是如此善良體貼的人，工作努力，又熱善好施。

三、無知的愛，讓阿公走了

阿公不正常的生活與飲食種下病因

從19世紀到20世紀中葉，一部台北市發展史等同一部大稻埕商業史，而談大稻埕的商業發展史就等同談迪化街興衰史。現在的迪化街商圈擁有百年歷史，走過多少風光歲月，來往商人、小販、客戶、住戶，道不盡台北繁華商區的熱鬧榮景。想起20世紀初葉的阿公在經營「廣和堂」中藥鋪時，生意特好，來抓藥的客戶越來越多，導致阿公非常忙碌，飲食、作息時間全被打亂，有時候不知是吃午餐還是晚餐，偏偏阿公又偏食，酷愛吃豬蹄膀，尤其是燉得油嫩油嫩的，最受他的喜愛。

阿娘是阿公最心愛的寶貝，她當然也很孝順阿公，所以阿公喜歡的，她肯定會滿足阿公的需求，就是這一份當時她認定的「關愛」、「孝順」，因此平常烹飪手藝很好的她，幾乎每天用蔥薑蒜以慢火燉出香噴噴又油嫩光滑的豬蹄膀給阿公吃，阿公吃得滿嘴油膩膩，油都擠出嘴角，他很滿意又配上幾杯日本清酒，他更開心！他連一根蔬菜都不吃，非常的不正常，而且吃豬蹄膀的時間也不固定，於是阿公的健康出了問題。剛開始，阿公放屁放不停，又常常打嗝不止，直到嚴重的時候，大便都是黑色帶血，而且怒髮衝冠，滿頭冷汗，拉血都很痛苦，當時她約20歲，她和阿嬤嚇壞了，等到要調整阿公的身體搶救健康回來時，已經回天乏術了。

阿娘開始注重病患的飲食生活

在1939年這一年，阿公離開了人世，死因是大腸癌。每次回憶到這一段時，阿娘總是自責悲傷不已，她深切反省，認為是她因為無知盲從地順應阿公的需求，所以料理無數可口的豬蹄膀給阿公吃，又沒有注意到阿公每天不正常生活的狀況，導致阿公罹患大腸癌，這也是她日後行醫時非常注重病患飲食生活習慣的原因，甚至她研發了無數的養生原味餐，她希望每個人從吃開始，調整自己的身體，寧可不要吃藥，以食物代替藥物是善待自己身體最好的方式。可惜阿娘救人一輩子，太過於忙碌，忘了整理她研發的原味餐，將之出版分享給大眾。我為了紀念她，去年我花了時間把這一份珍貴的食譜寫了出來，命名為《國寶莊淑旂博士養生原味餐》，這是我一份孝心，也是我化悲憤為力量希望代替她再度貢獻世人，以廚房代替藥房，自己照顧自己的健康，至今感謝讀者回饋反映甚好，督促我想繼續整理她其他的原味餐食譜，期待他年再出版第二本養生原味餐，告慰她在天之靈，完成她的心願。

四、阿爸離世，留下寡母孤兒與三個月遺腹子

阿爸體貼為阿娘解勞，照顧愛哭的我

聽阿娘說我小時候肺活量很大，又很愛哭，每回一哭起來，都是驚天動地，而且我是一個過動兒，整天蹦蹦跳跳的，尤其在睡覺前，一定要有人一邊搖著，一邊用手輕輕拍哄著，才能安穩的睡著，如果停下來，就會哇哇大哭，所以她帶我特別辛苦，那時候她的工作壓力大，沒有耐性，有時候用手拍哄我入睡稍微大力點，就會讓我疼得哇娃大哭，阿爸就會很心疼的從她手中接過去抱著，並輕柔的對阿娘說：「以後她如果哭了，就交給我，別擔心。」

從此以後，只要我哭得很大聲，阿爸就會馬上把我抱起來，有一回在匆忙中，他還摔了一跤，當他抱起我的時候還說：「還好給阿爸抱，要不然會挨媽媽打喔！」我是在阿公過世一個月才出生的，可以想像阿娘那時候有多麼悲傷，何況又是在坐月子當中，產婦如果在月內經歷難過的事，是非常傷身的。阿爸很體貼的為她分憂解勞，阿爸是入贅的，家中凡是大小事，他都要幫忙，剛好正值太平洋戰爭爆發的「非常時期」，大家都生活困苦，阿爸是一位任勞任怨的年輕人，不管是他自己家裡的事，抑或是阿娘家裡的事，全是他一個人來面對

解決，又要照料迪化街的中藥鋪、看顧外雙溪的養蜂場、處理家族中的各種人事風坡，在阿娘和家人眼中他是貼心又認真的人，簡直無法挑剔。

阿爸的離世，帶給阿娘無限的懷念

阿娘17歲的時候，在阿公明快的決定下，1個月內就相親結婚了。婚後第一年就生下大姊安繡，一直生到阿爸病逝，爸媽的婚姻生活只有短短的9年，她偶爾在心情沮喪時，才會嘮叨念上兩句：「結婚9年，頭尾算算月經只來過五、六次，其他的時間幾乎都在懷孕、生孩子當中過的。」難怪她會埋怨，9年就生了5個小孩，但是她回憶起來，還是會說那是一段甜蜜的家庭生活，他們算是婚後才正式談戀愛，這種愛讓她日思夜想、難以忘懷。

阿娘才20多歲，生得多又生得密集，每個孩子都很年幼不好帶，可想而知她的壓力與負擔是很大的。當她懷最小的弟弟時，阿爸的健康開始出現狀況，時常對她說他感覺很疲累，感冒、咳嗽、肩膀疼痛接踵而來，去檢查也查不出病症。1945年，她在無意間用手摸到阿爸脖子上有一個淋巴腫的顆粒，那時阿娘並不知道是什麼毛病，等做完病理檢查，報告還沒有出來前，阿爸就因為肺癌離開人世。那一年，他才30歲，而阿娘也才26歲，都很年輕。

阿娘攜兒帶女，勇敢面對挑戰

每回提及阿爸病逝的事，阿娘就會想起她那段不想獨活，也沒有希望可以活下去的日子，那時候她一直有悲觀想自殺的念頭，但為了生活、兒女，又不得不勉強辛苦的接下很多工作來維生。除了4個幼小的孩子，又懷了一個僅有3個月大的遺腹子，一些親朋好友勸她把孩子打掉，另外再找對象嫁人。不過，她都含著淚水婉拒，她是一位中國傳統的三從四德女性，在家從父，出嫁從夫，夫死從子；在婚姻歲月裡都在生子、照顧先生，加上孩子多，男性對象可能會有意見或有私心不會真心相待，所以她對婚姻不再有憧憬。有時候，孤兒寡母總會遇到親戚的欺侮，或遭到鄰居的冷言冷語嘲諷，阿娘總是咬緊牙關，忍耐下來，好幾次心情低落，快熬不下去了，看到清晨的小草沾上的露珠，迎風而立，她當下感受到：上天都有好生之德，連一枝草上都有一點露，何況身為一個母親，無論吃多少苦，都更想要把孩子拉拔長大，這才積極的去面對眼前的種種難題。就像她為了改變生活，想考中醫，每天忙完了，就抓緊時間看書，一手照顧坐在腿上的弟弟，一手將書本用電線綁在豎起的洗衣板上，隨時隨地只要有一點點時間，就用心地看書，不曾有機會好好地坐在書桌前看書。那種不達目的不罷休的決心，在我的人生閱歷中，未曾見過第二人呢！

阿娘經歷父親、先生相繼因癌症離世的悲痛，遺下4個子女和懷胎3個月尚未出生的遺腹子及年老的母親，在她年少的歲月中，可以說是歷經人世間的大悲苦。多年後，我和她旅居日本東京時，回憶那段失去親人的日子時，在她堅忍的外表下，仍不免流露出些許的無奈與惆悵，迷濛中，阿爸離世的場景，雖然當年我還很小，但是在她的敘述下，一場生離死別的哀慟，宛如電影場景般，一幕幕地烙印在我的腦海中。

1945年農曆三月初，臨終前的阿爸，清瘦的臉龐，在親友的探望中，突然頭垂了下來，阿娘放聲哭喊著，緊抱著阿爸，想把他搖醒，只是阿爸無聲的將阿娘的手用力地握了一下，就永遠的走了。年輕的她，一時間不知所措，走出家門，跪倒在田野上，大聲痛哭起來，她的哭聲，至今我都難以忘懷。「老天爺啊！為什麼如此不公平？讓我遭受到這樣的苦難呀！」

一想到阿娘在喪父、喪夫後，孤伶伶的一介女子，身懷未出生的遺腹子，又拎著四個小孩與老母，那種要維持家計的肩頭重擔，在我年幼的心靈中，特別深刻。這也是多年後，我會拋棄先生、子女，毅然決然地跟隨阿娘到日本去推展她想做的理想，只因為我感受到阿娘的那份執著的毅力，對於她在我成長過程中，不斷加注給我的期許壓力，我都無法埋怨她，反而隨著年歲增長，更加體認到她的用心良苦。

我現在已經七十而從心所欲了，這麼多年來，雖然對阿爸的記憶很模糊，失去他的時候，我才6歲，但是他在我心中永遠是個好爸爸，渾厚溫暖的手掌拍哄我入睡的兒時情景，不時入我夢來。而對阿娘的感情，從不斷的回憶過往中，更能體會出她年少守寡的心情及百般的無奈。她時常比喻她是一個滿是傷痕的破碗，絲毫碰不得，而我們兄弟姊妹也都小心謹慎的保護著她，誰都不敢去觸碰她傷心的那一塊，大家謹言慎行，唯命是從，希望她每日健康快樂。

五、阿娘當了第一位女中醫師

30歲考上女中醫執照，改變阿娘的一生

我時常對阿娘看事理的用心感到欽佩，她只是聽到一絲絲訊息，就能判斷出事情的理脈，及對自己有哪些助益，就以她30歲考中醫這件事來說，1950年有一天下午3時左右，一位家中長輩蘇錦全來關切她，因為那時候她新寡，又帶著5個嗷嗷待哺的小孩，長輩都會來探望問好，這位蘇先生就順口說：「政府在舉辦中醫師考試，妳有沒有報名呢？」阿娘隨口回應：「沒有呀，我每天都在忙，根本沒有注意到有這個訊息。」而那時已經是報名截止的最後一天下午三點鐘，什麼報考資料及開業5年的證明文件，都沒有準備，如果要準備可能要花1天的時間，但是為了不放棄報考的機會，她只好親自到現場，先試試看能否通融給一個機會，幸好皇天不負有心人，辦理報名的先生聽完阿娘的說明後，就發一張號碼牌給她，囑咐她將其他資料隔天補件繳來，並允許由鄰居、保正、介紹人、區長出具證明，

考試分口試與筆試，須考4天，共幾百人赴考。就是這個機緣，阿娘把握住了，順水推舟考上中醫師，那時筆試科目為專科、藥物學、藥理學、心理學、診斷學、憲法，因為她對

憲法不熟稔，審查委員特別給她口試的機會。我認為阿娘會考中是因為她從小耳濡目染阿公中藥鋪的運作，自己也肯學習會抓藥，又時常購買醫藥的書勤奮的閱讀，所以中國傳統醫藥學的知識早就融入她的腦海，加上實際臨床的抓藥看病經驗，所以考試難不倒她。

那一年只錄取了兩名中醫師，一位就是我阿娘，台灣第一位女中醫師，這一場考試改變了她的人生，也讓我感受到「當機會敲門時，就要緊緊抓住」及有志者事竟成的名言深意，在我日後讀書、就業、創業上都起了很大的作用。

還記得阿娘在 1951 年拿到中醫考試及格證書那天，家裡賀客盈門，不但要祭祖感謝祖先的保佑，晚上還要在永樂町住家門口，燃放鞭炮，這在當時可是一件光耀門楣的大事。

中醫師證書
莊淑旂 性別女 籍貫台灣省台北市 年齡
經考試院中醫師考試及格
依照醫師法給予證書以資
證明
內政部部長
中華民國肆拾年壹月拾柒日

莊淑旂博士的中醫師執照，成為台灣第一位女中醫師。

廣和堂中藥鋪重新開業，家庭經濟開始好轉

阿娘取得中醫師執照後，就將住家廣和堂老鋪重新開業，家庭經濟也因而開始好轉。由於她待人親切，醫術精湛，看病原則是——有錢人照藥單拿藥，沒錢的人一切免費；不僅為病人治病，碰到生活上需要幫助的病人，還費心幫他們介紹工作，她常對我們說：「治病也要治心，心所掛念的事解決了，病也就好了大半。」也因此她的門診生意非常好，每天門庭若市，連吃飯的時間都沒有，還得勞動我的阿嬤每天坐鎮在門診掛號處，限看100名病患，病患從早上3、4點來掛號，遇到病人要加號看病時，阿嬤就會說：「你們要生命，我女兒也要生命。」阿嬤擔心她過度投入就忽略了自己的健康，不得不使出限制掛號的殺手鐧，她說：「最後一號的病人最可憐！可是那也是沒有辦法呀！醫生也需要休息才能有體力救人！」

成立竟成放射線院，為癌症病患解決問題

阿娘受到朋友在馬偕醫院工作的影響，也注重西醫的醫理，開藥方也參考抽血及X光檢驗結果，當時只有台大醫院有放射性深部治療機，現任的台大放射科主任黃演遼教授說：「癌

症病患要做治療，檔期要排到4年後。」因此她抓住這句話，馬上向日本訂了一部放射性深部治療機，並準備更進一步的服務，為癌症病患成立了「竟成放射線院」。「竟成」，就是取「有志者事竟成」的意思，放射院開業後，她邀請黃演遼教授一同主持，黃教授的學生很多，紛紛介紹病人來，才開業不到2、3個星期，每天排隊等做放射的病人隊伍，都排到對街的馬路上了。不同患者放射的部位不同，她都會做詳細的調查紀錄，並通過會談瞭解患者造成癌症的成因，及患者日常的生活習慣，9年多她記錄了將近6000名癌症患者的資料，這對她日後的研究癌症提供很多臨床的經驗。

竟成放射院，就在現今馬偕醫院對面，當放射院賺了一些錢後，阿娘將鄰近的土地也一塊買下，蓋了1棟3層樓房，1樓是掛號、門診及診療室至於地下室的放射室，包括放射科、X光胸部放射科；2樓是病房；3樓是住家，1樓院中有很大的花園、假山、魚池，旁邊有一間她最喜愛的動物實驗室，養了好多小老鼠與小白兔供她實驗用，並特別請一位指導動物實驗的老師，我們稱他為「老鼠先生」！我們都好奇，卻不敢碰，怕被罵；在當年可稱得上是豪華五星級的醫院了。

在我小時候，每到假日我最愛邀朋友來我家玩，在花園中玩捉迷藏、玩跳房子的遊戲，大夥兒玩到都不想回家，「到我家來玩」就成了我莊壽美的代名詞了，阿娘事業忙碌，無暇照顧，時常要我們小孩子邀請好朋友來家裡玩，同學為了要來我家玩，就跟我特別示好，也因此我小時候的玩伴「一拖拉庫」（很多的意思），我成了大姊頭，一聲令下，喊水都可以化凍，這大概跟我樂觀、活潑的個性有關吧！

回憶總是美好的，特別是生活在竟成放射院的那段無憂無慮的快樂時光裡，是我這一生中最難忘的日子，那裡有我童年的美好回憶，雖然這棟房子後來賣掉了，被知名的徐千田醫師買去，開了一間很有名氣的徐千田婦產科醫院，然而，只要我每次經過中山北路，我都會在想像中頻頻回頭再看一眼竟成放射院的故址，物換星移總成空，但是卻有我無盡美好的蹤影。綠意盎然的樹蔭，芬芳撲鼻的花朵，和那一群群數不清的飛舞蝴蝶，池塘中自在悠遊的魚群，一位剪著齊眉短娃髮的小女孩，在阿嬤的一聲聲「壽美仔」的呼喚中，快樂的笑容永遠綻放著。

莊淑旂博士與5個年幼的子女，由左至右分別是：長女安繡、長子國治、次女壽美、幼子再生、三女靜芬。

六、禍福相倚，遠赴日本學醫

阿娘幸福的日子，生兒育女

回想起來，阿娘為什麼會對預防醫學產生興趣呢？並花了一輩子的時間做臨床上的研究，對癌症的成因和預防，她提出了一套自我健康的管理方法，深受各界的重視。據我所知，早年她歷經阿公因直腸癌的死亡，又親眼目睹阿爸罹患肺癌的痛苦過程，同時也害怕癌症的遺傳基因的陰影，擔心會影響到自己與子女，希望通過自己的親身經歷，能專研出癌症的成因，以便減輕或解決病患的病痛。

在阿娘赴日取得博士學位，就不斷蒐羅癌症的病例，看看是否可以從臨床病例中，找出答案，她深深體悟到：「醫學應該要從預防醫學著手。」30年前的想法，到今天來檢驗，預防醫學仍是廣被大家所重視的主流價值。在我跟隨她多年的觀察，對她的心念與想法，我都能理解，她有很多異於常人的獨到之見與觀念，都值得我一生來學習。

阿娘平常忙於工作，所以阿嬤照顧我們孩子大小事務，孫子女中我的嘴巴最甜，阿嬤很喜歡我，晚上我都會和阿嬤一塊兒睡覺。每到清晨，陽光從窗外灑進來時，阿嬤就坐在窗口梳她一頭烏黑黑的髮絲，印象中阿嬤到70、80歲時，整頭還是烏黑光亮的頭髮，因為阿嬤採用天然的苦茶油養生護髮，阿嬤每回梳好頭髮，就會把兩隻手搓一點點苦茶油在髮上，並別上一朵家中庭院現採的玉蘭花在髮髻上，「阿嬤，您好漂亮啊！」、「這朵玉蘭花好香呀，阿嬤我也要戴一朵。」每次我都是有求必應，弟妹們都很羨慕我的好口才，遇到想要買的東西時，派我出馬，沒有不成功的。難怪我總是阿嬤口中的金孫女，因為一句句「阿嬤，這個給您吃。」、「阿嬤，您插這朵花在頭上，好漂亮呢！」阿嬤聽了都很開心，所以姊姊、妹妹和弟弟們公推我為家裡的「外交部長」，其實我對阿嬤的讚美，都是出自我的肺腑之言，我真的好愛阿嬤，所以我敢跟她撒嬌，不怕她，相對地，阿嬤也很疼愛我。妹妹小時候，曾經寄養在別人家裡，很少回來，跟阿嬤比較陌生，每次回家，就哭哭啼啼吵著要回去寄養家，讓阿嬤好生氣地說：「這就是吃別人家的米，才會陌生不親。」妹妹越怕生就越不想回家，自然討不了阿嬤的歡心。但是，長大後，因為回家次數多了，久而久之也就習慣了，妹妹對阿嬤也就不再陌生，祖孫倆感情也就越來越好了。

在我眼裡，阿嬤是一位生命力很強的女性，她做家事從不假手他人，舉凡打掃、菜園裡鋤地、拔草、施肥，樣樣自理。年輕時，她的身體不是很好，時常病懨懨的，她只生養我阿娘一個獨生女，聽家裡人說阿嬤曾經摔傷過，後來身體狀況就一直不好，又加上太過操勞，一懷孕就流產，所以當阿娘要結婚時，為了延續莊家的香火，我阿爸陳右樂就招贅到阿嬤家來。結婚後，阿娘一連生下三個女兒時，阿嬤失望之情溢於言表，等生下我大弟時，全家歡欣鼓舞。聽阿娘說，阿爸本來不相信，以為又生個女孩子，待打開小娃娃的尿布包，看清楚小男孩的正字標記後，才興奮的喜極而泣，大叫：「我添丁啦！」而阿嬤也開心的祭拜祖先，做好多紅蛋、油飯、雞腿分送給親朋好友吃。

迫於無奈，赴日進修重啟人生

在阿娘重開廣和堂為人治病時，因為有一些關係，當時公賣局製造藥酒需要中藥材的當歸和生地，每年需求不一樣，專賣局的人知道她有鑑定藥材的能力，就委託她去辦理，當時外匯有管制，政府又實施《動員法》限制進口貨物，以防囤積，因此無意間觸犯了《國家總動員法》，其中有位不法官員，不斷來家裡索賄，阿嬤為了怕她受冤被起訴，只好咬牙接受這一位不法官員的需索，私下暗自籌足錢為此事消災。但後來被阿娘發現，她拒絕再被人敲詐，為此積極蒐集這位不法官員的證據，一邊又為離開台灣到日本讀書的打算準備著。她是一位不向惡勢力屈服的人，她也不希望永遠遭人無止境的威脅，阿嬤瞭解她的性格，也就不好阻難她，並要她放心去日本，不要擔心家裡大小事，阿嬤自認有能力能照顧我們這些小孩，這時她才將一顆沉重的擔心，全盤放下，全心設法張羅赴日求學的事。

這是在1955年，蔣介石率領軍民撤退到台灣，當時白色恐怖時期，阿娘因為承攬公賣局（今台灣菸酒公司）藥酒生意，被控囤積幾十萬斤當歸藥材，違反《國家總動員令》，因而遭到判刑3年入獄。她在獄中因為氣到胃出血，申請保外就醫。獲得病人蔣緯國岳父綿紗大王石鳳翔的幫助，得以帶著大姊安繡赴日就醫，留下阿嬤和我、弟弟妹妹們在台灣。

小時候，看到阿嬤為了阿娘和我們這一群小傢伙，她完全以一種充滿愛心的母性包容力，果敢堅毅的照顧我們。雖然她沒有讀過多少書，不過她的人生智慧和遇到事情能從容應對處之泰然的態度，始終是我長大後打拼事業的一個安定支柱。回憶當初阿娘決定帶著大姊安繡赴日進修時，我們一直感到不安和害怕，但是阿嬤安慰我們說：「免驚，有阿嬤在，一定沒問題。」阿嬤宛如一顆太陽，溫暖照耀著我們，她是我們生命的支撐力量。當弟弟妹妹哭喊著找阿娘時，我就扮演大姊姊的角色，就會安慰他們說，「有阿嬤在，天塌下來也不怕。」阿嬤看我一副小大人樣的幫她分憂解勞，就會摸著我的頭說：「金孫好乖。下次拜拜，雞腿一定給妳吃。」其實，每次要分給我吃雞腿的時候，只要看到弟弟妹妹想吃又要哭的模樣，我就會不忍心，還是讓給弟妹們吃了，不過阿嬤都會私下再藏一塊雞肉給我吃，每次想到阿嬤，就會回憶幼年無憂無慮的生活，又喚醒起我對她老人家的懷念，阿嬤是以90多歲高壽無疾而逝的，她的養生之道和阿娘的照顧方法，都值得大家學習。所以，每一次在我推廣的「自我健康管理與防癌宇宙操」中，我都會傾囊相授，無私不吝惜的介紹給聽眾，和大家一起分享老人家的養生智慧。

林博士的話，讓阿娘完成赴日深造的夢想

知名電腦音樂家林二先生的父親林清安博士，有一回對一位打算到日本去念書的年輕人說：「到日本讀書，不要空手回台，一定要帶禮物回來。」陪在一旁的阿娘聽到了，連忙請教林博士：「我也可以去日本念書嗎？」那時候她只有念到小學的教育程度，林博士馬上以和緩的口氣勉勵阿娘：「為什麼不可以？妳一定沒問題的。」這時候她聽到這一句鼓勵的話，士氣大振，她常常對我們小孩說：「我就像用一張金紙包起來一樣，寶貝這一句話，將它永遠放在我的心坎裡。」她知道她的支援貧乏，因此每回想要做一件事情，就會努力不懈到處尋找機會、門路，希望爭取支援，幫她如願以償成就心願，西諺有一句話說：「當你想要做一件事情時，全世界的人都會為你讓路。」足以證明她做事的方法是對的，當她沒有資源時，

她就是憑著一股意志力，努力想方設法去執行落實，也因為碰到貴人林博士，讓她點燃赴日求學的念頭，於是推促她勇往直前，和阿嬤商量好，做好一切萬全的準備，前往日本深造，達成拿到博士學位的願望。

她一直很感謝林博士，只要談到赴日深造的事，就說都是林博士的「牽成」（閩南語，美意促成之意），林博士只要聽到都會笑著說：「不用謝啦，我跟很多人說，就只有妳一個人聽到，也去做到啦。」雖然話是這樣說，不過她永遠牢牢記在心坎裡，當林博士過世時，阿娘親自上香祭拜，以表達知遇之恩，並三不五時的去探望年老多病的林老太太，而且協助她安排到安養院，讓她放心的安養頤年。

阿娘是一位時常會把握機會，洞悉事理的人，她勇於嘗試，不怕困難，可以說簡直是把吃苦當吃補來做，我想這種人格特質和她從小不服輸的性格非常有關係，當她幼年時，阿公時常叨念她不是男兒身，讓她很懊惱，為了讓她父親寬心，就對他說：「我不要出嫁，我會一輩子照顧父母的。」阿公聽了好開心；為了安慰阿公，她都會利用空檔閱讀很多醫學方面的書，又在廣和中藥鋪幫忙招呼病患，看阿公開藥、抓藥也跟著學習……，阿公看在眼裡，自然就有一種「有子接衣缽」的成就感和踏實感。之後她的一切努力，也證明了她是朝著自己的承諾，去身體力行的。當她在廣和堂獨當一面為人把脈、抓藥，心中念茲在茲的就是：「阿爸，我終於沒有讓您失望啊！」這種堅毅不拔的精神，隨時鼓勵阿娘把握機緣，創造機緣，發揮機緣，以致能培養出她的果敢、大氣魄、不悔的心及更前瞻性的思考模式，難怪大家都稱她是一名奇女子，在那個以男性為主軸的時代，確實非常不容易。在我眼裡，她是一位外柔內剛的女子，她待人溫柔和善有禮貌，對自己卻是非常嚴厲和自律，如果沒有這樣的特性，恐怕她早就被一連串的考驗給擊垮了。

阿娘告訴我，她一生中最讓她感到最痛苦、羞恥的就是犯了總動員法被捕的事情，因為她從小被教育成要三從四德、奉公守法，突然遭遇這種挫折，既錯愕又有損她的名譽，而且要如何教育自己的子女呢？心中的苦悶和受創，無法向外人說清楚。在此事發生前阿娘就已準備赴日進修，她很清楚未來應該怎麼走才能保障孩子的幸福，她希望讓孩子除了能吃飽外，還要取得大學的學位，以彌補她自己沒有念到大學的遺憾，由此可知她很注重學歷。因此她努力存錢，希望存夠每個孩子念到大學所需要的費用，連阿嬤的喪葬費也統統想進去，她就是這樣細心的人，每一個環節都期待計畫好，不要有後顧之憂。因為那時候外匯有管制，她早有一番打算，她有個病人是三重埔建材行老闆沈水木，因為做生意失敗還不出錢，遭到流氓狠狠地打了一頓，沈水木決定偷渡到日本躲避，可是他無法負擔昂貴的船資，故來找阿娘借錢，當時她知道友人電信局陳樹人、張磬石兩個人的錢寄放在一位戴科長那裡，所以向陳、張兩人借資，戴科長把陳、張兩個人借放的美金取出幾萬美金交給沈水木，她告訴沈「如果有一天我去日本，你再把錢還我就可以了。」後來沈偷渡日本成功，並且花錢買了「住在資格」（居留權），而且他的妻子也到日本和沈會合。此外，她也拜託一位叫楊達卿的人帶錢到日本，他在日本經商多年，是個有體面的人，但有氣喘的毛病，她是他的醫師，所以都很幫忙！

七、中西醫學並用，揚名東瀛

危機，也是轉機

1954年5月12日上午，阿娘一如往常送小孩上學，只是輕聲細語告訴孩子們：「今天，我要去日本。」然後就帶著大姊安繡搭機赴日。這時候，曾經到家裡勒索金錢的軍法處一位李處長，因為涉及另一案也是勒索一位觸犯動員法的寡婦，聽說這位寡婦披頭散髮在總統府前攔街告狀伸冤，所以李處長遭到遊街槍斃的厄運。她和大姊抵達東京機場後，沈水木前往接機，她們在沈家住了一晚，隔天她準備到神戶，沈水木請阿娘等他，他要去領錢給她，可是苦等了半天，卻不見沈的蹤影，只見沈太太打扮的珠光寶氣勸她不必等沈，並出口不遜：「日頭刺燄燄，隨人顧性命，沈仔哪會有錢給妳，不必等了！」阿娘頓時間像是掉了一顆心一樣，回答：「沈仔保證會還我錢，怎會不認帳呢？」最終，沈還是沒有歸還她的借款，當時她非常著急，不知如何是好，她萬萬沒有想到是這樣的結果，一時之間想到離台前阿嬤給她一條金鍊子，希望她帶在身邊，萬一發生問題，還可應急，沒想到真的發生作用了。日後，她在辦理出入境手續的時候遇見了沈水木，他一看見她滿臉通紅，羞愧的無地自容，不過還是沒有還錢給她。

阿娘一看拿不到沈水木的錢，隨即想到楊達卿那裡有她的錢，趕緊和楊聯繫，但是楊卻向她連連道歉，起因是他經商失敗，四處躲債。她面對苦心安排的兩個「金庫」全部泡湯了，驚惶失措在所難免，眼淚掉了不知有多少，卻不敢向台灣的阿嬤求救，她知道必須冷靜，不能因為遭遇挫折，放棄她研究癌症治療法進修的決心，所以她一直叫自己要冷靜思考。

阿娘研發的「雙寶液」在日本發揚光大

阿娘急中生智，想到她本身就是中醫師，也就是日本人口中說的「漢醫師」，日本人向來就對「漢醫」很景仰，所以她在電話簿上查到厚生省的地址，於是她搭計程車前往，向厚生省表達她是從台灣來進修的中醫師，要在日本研究肺癌，可否請他們幫她介紹到某家醫院進行研究工作。厚生省有一位關先生，向她介紹位在大阪螢ヶ池的刀根山病院，告訴她這所肺病療養院非常適合她去研究，請她寫一張理由書，說明赴日研究肺癌的理由，然後由厚生省代為聯絡刀根山病院，渡邊院長接受她到他的病院病理學教室旁聽。

於是，阿娘從東京到神戶，在北長狹道口租屋住下來。由於刀根山病院裡的住院醫師都曾經到海外留學，因此很照顧外國人。有時候，一些病患吃西藥無效，造成呼吸困難，非常痛苦，他們就將這些癌症末期的病患轉給她治療，按照X光片顯示的病情投藥。阿娘讓病患服用她研發的「雙寶液」，病患服用後，肺活量增加，反而咳嗽減少了，體重也慢慢的增加了，甚至有些病患還可以讓人扶著走動，病況大為改善。約過了半年後，渡邊院長親自打電話給厚生省，推薦將「雙寶液」向東京的醫院推廣，也因為這樣，她離開了神戶，前往東京，準備到慶應大學進修。原本，她是要去橫濱醫科大學追隨森山牛教授從事避孕的研究，而且橫濱大學已經給她入學許可了，連學費也繳了，萬萬沒想到森山牛教授突然病逝了。不過，大姊安繡並未隨她前往東京，而是留在神戶進入一所英語學校就讀，隨修女學英語，她住在校長的家，幫忙打掃、煮飯，來換取免學費。在離台前，大姊在靜修女中念書，取得畢業證書，所以才能進入日本的大學就讀。

阿娘的「雙寶液」，是她自己取名的，假使喝「雙寶液」，再吃薏仁飯，效果會更好，肺中積膿會越來越淺，顏色逐漸變白到轉清，但孕婦不可吃薏仁，因為薏仁活血。在西醫治療肺病時，一旦發現有痰，大半都是用 ephedrine（麻黃鹼，又稱麻黃素）來壓痰，雖然可以止咳，但不能根治，阿娘時常引用中醫的說法「肺與大腸相表裡，心與小腸相表裡」，嚴守藥性論「君臣佐使」的原則，大腸是肺之裡，要治好肺必須清腸，讓腸多蠕動，可以吸收養分，可以把廢物排泄乾淨，不再產生新痰，然後再化去舊痰。如果留有舊痰則會影響胸腔器官，病患的胸腔會產生凹陷的情形，嚴重會導致駝背。為何要喝「雙寶液」呢？因為喝下「雙寶液」能讓病患多大便，清除積水，減緩末期病患的痛苦，我們知道得癌的病患痛苦異常，如果能夠幫助他們減除病痛，對他們而言是恩情再造，她曾經是癌症病患的家屬，深深感受到這種病痛的折磨，所以在她一生中治病也治心，病患和病患的家屬在阿娘的呵護照顧下，都有感覺被尊重和被關懷，有一些醫師或許長期面對生死，在問診看診時就是缺乏那麼一點點的關心，所以病患感覺孤獨和無力，無形中慢慢失去了治病的鬥志，我長期在她的身邊觀察到，她和其他醫師不一樣的地方，在於她會走入病患無助的心情，時時給予病患心靈的引導，因此她和病患的關係維繫的非常好，病患也將她視為第二個阿娘。

將病患視同家人

阿娘一直是位菩薩心腸的人，而且她在日本也看到一些日本醫師也是將病壞視同自己的親人，例如渡邊醫師和指導她的小川醫師，他們時時將病患視同自己的兄弟姊妹，常以病患的立場思考，當病患走到瀕死階段，他們會向病患說：「這是來自台灣的莊醫師要給您們當漢醫諮詢。」而她則到橫濱去找漢藥藥材，在住的地方熬藥裝罐，再帶到醫院以湯匙一口一口餵著病患，在諮詢和病患的互動下逐漸培養關懷和感恩的關係，這是一種發自內心的付出和承受，她從中感受到給予的快樂，病患則是體悟到施受的幸福。

當三島通陽的醫療諮詢，阿娘從此聲名大噪

阿娘到橫濱買藥材的時候，遇見一位開餅店的李道軒，他的兒子和媳婦住在東京大田區最西端的田園調布（でんえんちょうふ，是著名的高級住宅區），在他的推薦下，她得以在當地租賃到原橫濱市長的房子，位在半樓，但只有一間房間，而且因為李道軒的介紹，又認識了就讀於日本學習院的張燕卿，張燕卿是原「滿洲國」的官員，經由張的介紹，她當了三島通陽的醫療諮詢。

三島通陽是童子軍總裁，日本學習院（貴族學校）出身，長年有氣喘病纏身，時時服用西藥壓制病情，因而造成器官特別是肺部為痰阻塞，一般西醫認為他病入膏肓，同班同學也準備幫他料理後事了，其中一位就是張燕卿，就在他忙於張羅後事的奔波中想到來自台灣到日本進修的阿娘是位漢醫師，不如請她再嘗試救救同窗好友一命，因此央求她去當同學三島通陽的醫療諮詢。阿娘本來礙於手上沒有藥材，恐怕無法救三島一命而婉拒，但張燕卿一再拜託，只好勉為其難的到三島的家中。

阿娘對三島做一番檢查，發現他的肺部整個都被痰堵住了，臉部呈現眼吊嘴開的情形，那時候她認為肺與大腸相為表裡，肺主氣，皮毛為表，腸為內，因此要診治三島的病需從腸子開始，她和張漢卿跑到橫濱購買製造「雙寶液」的藥材，因為「雙寶液」對排便、促進腸子蠕動很有幫助，當三島接受她的建議，自己決定服下「雙寶液」後，吐了一大堆的痰，然後排氣、排便，經過一番通便清腸後，肺部的痰就自然而然吐了出來了。接著，三島的病情一天比一天好轉，他的家人和朋友直呼神奇，日本的醫師也驚訝到不行，也因此她名聲大噪，口耳相傳，一傳十，十傳百，引起日本貴族們的注意，大家紛紛找她當醫療諮詢，讓阿娘忙不過來。

日本奧運會長幫助田畑政治，降低血壓

田畑政治是日本奧林匹克運動會會長（1973年——1977年），掌管籌備日本東京奧林匹克運動會的事務。那個時候日本正值經濟衰敗的階段，急需依賴奧林匹克運動會協助振興經濟，所以田畑政治成為極為關鍵的人物。田畑政治的脾氣不好，相當急躁，因而高血壓時常飆得很高，以前他到東京大學醫學部附屬醫院體檢都要花費7天的時間，但是他個性急，忍受不了這7天的繁瑣檢查程序，因此只待到2、3天就逃回家中，東大醫院是東京都文京

區本鄉七丁目的東京大學醫學部附屬教學醫院，醫療水準相當高。那時候，田畑政治的朋友請阿娘提供醫療建議，剛開始她婉拒，後來田畑政治的友人再三請託，她只好勉為其難答應，不過她希望田畑政治要答應她開出的條件，當時她住在田園調布，田畑政治則住在東京都世田谷區的奧澤（おくさわ），彼此相離並不算太遠，不過有一段路是上坡路，她請田畑政治每天從他家走路到她的住家，要在她的信箱內放下一張紙條，上面寫下他抵達的時間，如果田畑政治覺得可以做得到，她就幫他治病。

經過了26天的時間，田畑政治真的實踐他的諾言，天天從家裡走到她住的地方，而她也到田畑政治的住家進行家庭訪問，巡視田畑政治的廁所、臥房等等，以便深入研究田畑政治的作息和工作的情況，有助於她對病患的瞭解。經過一番的接觸，她瞭解田畑政治習慣到一家料理店喝酒，常喝洋酒、清酒和啤酒，往往喝完洋酒、清酒一瓶，或者啤酒一打，他才開始和人談事情。她很客氣的告訴料理店的的老闆，往後田畑政治喝的酒，都要給一半的份量就好，如果他再想多喝就加點的菜色就好；另外，田畑政治每次抽菸，點一支後還沒抽完，就忙著再點另一支，導致他的手都被燻黃了，聽說以前幫他治病的醫師都嚴厲禁止他抽菸喝酒，當然以他的個性不會照做，她深知其中的道理，因此不禁他抽菸喝酒，只是調整份量，並且要求他每天都走路多運動，儘量不要想其他雜事，這樣治療的方式很受田畑政治的喜歡，

所以欣然接受和實踐，逐漸地他的血壓就降低了。

說起田畑政治這位人士，可能大家有點陌生，不過提起這件糗事可以喚起台灣同胞的印象，他就是在東京奧林匹克運動會上將中華民國國旗倒掛的那位糊塗會長，但是他對台灣非常友善和尊重，後來他活到90幾歲才撒手人寰，算是高壽病逝，他對阿娘非常信服和尊重。

幫助杠文吉重生，病好了再度得子

因為阿娘很重視病醫互動，所以她會深入瞭解病患的作息，也因此建立她和病患的信任和友情，當田畑政治的高血壓降低了，內心充滿對她的感激和欽佩，有一次他上電台接受採訪時，提及他接受莊淑旂醫師建議如何降低血壓的經過和感受，被他的朋友杠文吉聽到了，於是央求田畑政治幫他介紹莊醫師。杠文吉的毛病在於他的胃不好，量不到血壓，體溫不到35度，時常沒有體力、脈搏微弱，臉會浮腫、心臟肥大鬆弛，以上的症狀是中醫最怕碰到的現象，這比發燒還嚴重。

那時候，阿娘幫杠文吉量身建議的藥單如下：

1、將老薑頭數塊切寸半。
2、用金箔紙將切寸半的老薑頭包起來放在瓦鍋（或狗母鍋）上慢慢烘，烘到沒有水分（如果有煙代表有水分）成炭，製造炭素。
3、等1、2天後全涼，再拿出來研磨成粉，加上威士忌和糖，每天吃一點。
4、再用當歸6錢，蜜耆1兩當茶喝。
5、另用白胡椒7顆燉豬肚，加500CC的酒，燉好分成7份，每天吃一份。

阿娘細心地幫杠文吉調理身體，大概經歷3年，他的身體狀況越來越好，體溫也上身到35點8到36度了，所以他非常高興把健康找回來，也對阿娘佩服到五體投地。

杠文吉在第一任妻子病逝後，再娶小他20幾歲的小姨子為第二任妻子。第二任妻子一直想懷孕，從結婚以後量了10幾年的基礎體溫，排卵期很固定，卻生不出小孩，到慶應義塾大學醫院檢查後發現問題出在先生杠文吉的精蟲太少且無力，因為他聽從了她的醫療建議，身體逐漸好轉，也因而妻子懷孕了。那時候，阿娘正要前往奧地利維也納發表論文，因為杠文吉夫婦兩人太興奮了，所以給每一間她將住的旅館都預拍一份電報，所以她每到一間旅館就會收到他們發來的電報，告知杠文吉妻子懷孕的消息。後來他們為了謝謝她，把出生的女兒取名為「淑子」，而現在淑子已經成為兩個小孩的媽媽了。這一段往事，後來成為阿娘口中病醫互動良好的範例。

八、把防癌當成畢生的志業

通過慶應大學醫學研究入學申請

自從阿娘當了三島通陽的醫療諮詢後，他陸續介紹了童子軍本部重要人物給她，例如朝日新聞社的二の宮順與她相識，後來二の宮順還成為她在日本居留的保人。當二の宮順得知她打算留在日本學習防癌、治癌的醫術，且想進入醫學院進修，所以邀請同事朝日新聞社的醫療室醫生土肥代為引薦，因為土肥是日本慶應大學醫學部畢業生。慶應大學在日本私立大學排名和早稻田大學齊名，教授學生的素質很高，她期待能夠成為這所大學醫學部的學生。那時候慶應大學的醫學部長是阿部勝馬，整個藥理學教室都歸他掌管，而且他也是土肥的同一屆同學。土肥很鄭重將她的背景和經歷告訴阿部勝馬，還轉達她當三島通陽的醫療諮詢，如何運用中國傳統醫學的漢方幫助三島通陽醫好他的病，而且她一心想研究防癌、治癌的方法，想要減輕癌症末期病患的痛苦。阿部勝馬平時就仰慕中國的藥草，不過他並不瞭解漢藥需要煎製，只以為藥草可以直接使用。當阿部勝馬得知阿娘的專業背景，很歡迎她就學，當他們的研究生，而且也可以教他漢藥，因此阿部勝馬請她提出一份「願書」（等同申請書），經過教授會議的審查約莫10天左右就通過她入學申請了。在1956年，她以研究生的身分，在阿部勝馬主持的藥理學教室工讀兼研究。

阿部勝馬部長向來以嗎啡減輕病患的病痛，不過阿娘認為嗎啡會讓病患體溫降低，產生昏迷的現象，且讓病患無法喊出他的痛苦，所以主張運用漢方的溫和特性使病患氣通又可解決脹氣，減緩痛苦，而得善終。阿部部長平常很少多言，學生交給他的作業或資料，他大半接過來看一看就沒有什麼意見了，直到阿娘拿到醫學博士學位時，他才向她說了一句：「莊君，おめでとう。」（恭喜莊君的意思）而她是個很感恩的人，每逢中秋佳節或過年都會準備禮物送給恩人們，當她返台後，還是持續送禮直到二の宮順和阿部部長過世才停止。她是個傳統的中國婦女，從小被阿公教養要謙恭有禮，端正不卑，她在日本求學時期非常努力工作，節儉自律，在學校遇見長輩，一定行最敬禮，等長輩離開才敢抬起頭來；做實驗的時候，前輩使用過的試管等用具都忘了清洗，待她接著使用時，一定將前面的人和自己使用過的用具清洗乾淨才離開。

憑著堅強的意志力在日本做研究

阿娘告訴我，在日本做實驗非常辛苦，她憑著堅強的意志力熬過每一次的實驗。在慶應大學藥理學教室有2位教授、2名助教和講師、10幾位的研究生，按照事先安排的時間各自進行實驗，進入實驗時進去或出來的時間都要登記，而且實驗用具都要事先借好。印象中比較深刻的是一位女醫師德永友喜子，家世背景很好，是日本知名藥廠藤澤製藥廠社長的親戚，畢業於東京大學醫學部，平時她會幫忙阿娘做每天研究的內容，但是，她的情緒起伏不定，喜歡聽股票消息，如果聽到藤澤藥廠的股票大漲，有股東身分的她就會在實驗室裡欣喜若狂的又叫又跳，一旦股票大跌，情緒就會盪到谷底，發怒出言不遜，平均一個月的研究就會弄壞快要實驗成功的試管，導致實驗全部失敗，阿娘就得重新來過。聽說，後來她在洗澡時中風，不幸成為植物人。

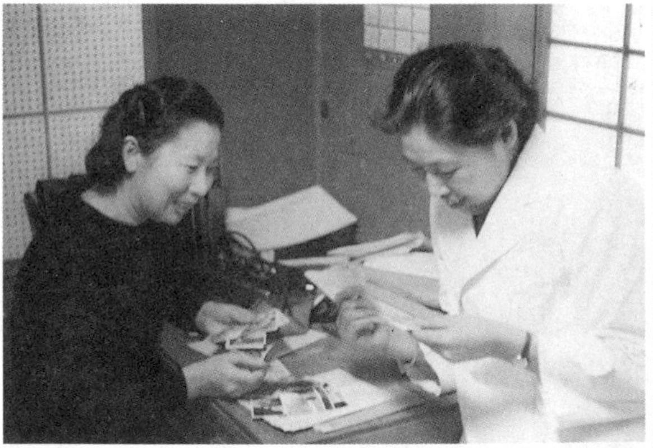

莊淑旂博士（左）與慶義大學的研究夥伴德永友喜子博士（1959年）。

阿娘和德永友喜子曾經進行「重聽實驗」（日文叫「難聽實驗」），過程是利用和人的耳鼻反應比較接近的貓來做分組實驗，拿和人用量一樣的康黴素（Kanamycin）注射小貓，會造成耳聾的效果；另外一組則是沒有聽力障礙的貓，如果拍拍手，牠們的耳朵聽到聲音會動一下。阿娘和德永友喜子將貓分成2組實驗和觀察：一組吃罐頭魚，魚中放藥，一天餵食3次，其中又分出一部分拿阿娘從餐廳要來的大魚頭煮熟加藥餵貓吃，不過在藥裡加添了漢藥甘草，有中和藥的副作用，還有加了黃柏，讓耳的黏膜不受損；另一組則是吃藥。經過這樣的實驗後，得到的結論是注射的一組會耳聾，吃魚罐頭的即使加糖中和依舊會重聽，而餵食加漢藥的康徽素注射組反而沒事，她們也觀察貓的糞便，把貓糞曬乾、月照、凍露後再做實驗。

那時候阿娘他們做實驗用的貓來自區公所，為了做實驗就養了上百隻以上，而這些貓則是來自放棄飼養的養貓者，而放到區公所設置的籠子裡，讓有心想養貓的人自動領走。她們特別聘僱一位歐巴桑照顧這些做實驗的貓，貓放在頂樓飼養，阿娘用完晚餐後三不五時會上樓頂看看貓，甚至會大喊她的媽媽也就是我的阿嬤，來消解她對家人的思念，因為她掛念孩子的成長、與同學的相處、課業的進步、娘親和孩子的健康等等，想歸想，她還是要咬緊牙關撐下去，她必須努力不懈全力投入研究，完成她的人生目標。

居留權的困擾，卻引來多位恩人相助

阿娘在日本做實驗、寫論文雖然辛苦，但最麻煩的是日本居留權的問題。當初她以出國就醫的護照來到日本，日本規定需要6個月簽證一次，最長可延長3次，不過中華民國駐日大使館卻不肯延長，反而要求她返台服刑3年，造成她的困擾。有一位叫中山正男的日本人是一位善良公正的人，他時常到慶應大學關心留學生，詢問是否需要援助，她告訴他在居住方面碰到問題，於是他找到日本平凡社社長下中彌三郎幫忙，請他聘請她負責撰寫百科字典裡的漢藥稿件，然後以雇主的身分和阿娘、她的教授一起到麻布的駐日大使館保證，但是仍然沒有辦法獲准延期。直到張厲生先生擔任下一任駐日大使，事情終於有了轉機。

張大使上任後，每一年固定邀請10位日本名流吃飯，阿娘的病患三島通陽是其中一位，他是在張大使上任第三年才參加宴會。在宴會中，張大使禮貌性先致詞，再邀請貴賓說話，第一位說話的就是三島通陽，他先致詞簡述前兩次因為身體欠安缺席，經過來自台灣的莊淑旂醫師顧問指導調理身體，重拾健康才能參加宴會；接著，後面致詞的田畑政治、杠文吉也提到她的名字和如何幫助他們把健康找回來，讓張大使非常驚訝與驚喜，為何10位日本貴賓就有3位大力讚揚來自台灣的莊醫師，引起他的興趣和好奇。餐後，他特別到辦公室調閱阿娘的資料，才瞭解她是以出國就醫的名義來到日本。

阿娘一路來到日本的過程非常艱辛，在日本的居留權問題一直糾纏著她，即便有日本人願意當保證人，而且也得到在平凡社編寫藥學百科字典需要留日的正當理由申請延期，偏偏中華民國大使館不願讓她延期，因為她被判刑3年，而且護照被扣在大使館，導致她必須每個月到日本出入國管理局去延長居留，感激的是始終是由朝日新聞社企劃部的二の宮順幫她做保，往往要拿在慶應大學做的實驗研究報告、以及財力、身分證明書、關係理由書才能通過。

張大使看完阿娘的資料後，親自跑一趟到慶應大學先找到她的教授，表達要見她一面，不過阿娘誤會張大使是要來抓她返台的人，不太敢見他，就敷衍教授等研究完成後再去見張大使；後來，教授說服她要勇敢面對，她只好放大膽子去見張大使。張大使明白告訴阿娘，他可以給她一份中華民國護照，不過需要兩位台灣來的人幫她做保，但阿娘坦承表示華僑一看到留學生就怕惹事生非，幾乎沒有人敢當留學生做保的，張大使表示他本人願意當她做保，阿娘當然非常感謝。這一份護照的辦理就花了13個月，等她拿到護照時，她同時也通過其他管道先領到日本在住身分了，而且她剛好要去奧地利維也納發表論文。

說到阿娘領到日本的外人在住資格，最主要的還是要感謝日本出入國管理局局長高瀨侍郎的大力襄助。高瀨侍郎曾經擔任日本駐緬甸大使，他的母親因為乳癌而在慶應大學醫院住院，通過阿娘的幫忙處理；後來，高瀨侍郎的夫人又因為胃癌而住在慶應大學醫院，那時候高瀨夫人胃痛非常嚴重，正值阿娘值班，她用薑汁30C.C.和熱水，用毛巾熱敷患部，另外炒了一斤鹽，以毛巾包著，熱敷她的肚臍，幫她放屁，來減輕她的痛苦。那時，阿娘身上掛著名牌，所以高瀨夫人知道她的姓名。到了第二天，高瀨侍郎到醫院來探望夫人，夫人就把她幫忙的經過一五一十的告訴先生，高瀨侍郎特地向她道謝，後來知道她是從台灣來的留學生，沒有在住權，每個月還要像出入國管理局提出在慶應大學研究的資料，才能延期。他請教她是否有護照，她回說沒有，且不好意思請教高瀨侍郎是否可以不要護照呢？沒想到，高瀨侍郎自己為她做保，讓她沒有護照的情形下得以取得在住資格，這是一個非常特殊的奇異恩典。

那個時候，在日本沒有護照，沒有在住資格是違法的，如果被發現就必須由出入國管理局法庭的法官審判，把罪名、觸犯的法條寫在牌子上，掛在胸前拍照，然後拿這張照片貼在居留權證明上，一旦想從A地搬到B地，還得重新申請獲准，才有搬遷的權利，過程非常辛苦。

阿娘終於獲得特赦，轉變命運

張大使在幾個月以後和阿娘見面，他知道她已經有在住資格，替她高興，於是寫了一封信給當時總統府祕書長張群先生，談及她是一位在日本奮鬥努力的留學生，張祕書長也寫了一封信給她，給她打氣加油，並請蔣總統給予特赦。1963年12月13日，她寫一封陳情書交給中華民國駐日大使館，再由外交部轉國防部呈轉總統府，後來總統府回覆了她，希望她先行返台再給特赦（日領（53）字第1279號），不過到了1965年總統府還是頒發了特赦證明書給她，她獲得一張特赦狀，由參謀總長彭孟緝上將頒發，如下：

> **國防部特赦證明書（54）察廳字第零零四號**
>
> 查莊淑旂現年四十五歲，女性，係台灣省台北市人，前因妨害國家總動員法案件，經前台灣省保安司令部依法判決處以有期徒刑三年褫奪公權——茲奉總統五十四年四月六日（54）台統（二）達字第零二九零代電核定特赦免除其刑之執行等因
>
> 合依赦免法第七條之規定由本部發給證明書以資證明
>
> 參謀總長陸軍一級上將彭孟緝

阿娘告訴我，當她拿到這一張特赦狀時，內心百感交集，因為多人的奔波，幫她解除長

久的恐懼，讓她內心的糾葛獲得了釋放。往後，阿娘在日本懸壺濟世，幫日本人諮詢醫療的爭光事蹟，彭孟緝上將都知道，當阿娘在日本出版《青春永駐》（青春を長もちさせる生活と食事）一書，彭上將贈送一塊匾額給阿娘，上面寫著：

莊理事長大著出版紀念

心存濟世

在這一本書的發表會上，日本駐聯合國第一任大使加瀨俊一（加瀨俊一在日本昭和時期（1926年-1989年）的外交史上舉足輕重，從第二次世界大戰日本對美宣戰，到日本戰敗簽約投降，再到日本重返聯合國，他都參與其中）、第二任大使赤谷源一都來參加，而中華民國駐日大使馬樹禮也提筆寫了「慈懷仁術」四字贈送給阿娘。她感念這些貴人們的幫助和關懷，回憶她從台灣保外就醫來到日本深造，又為了居留日本問題四處奔波，後來取得日本在住資格和中華民國護照，這些都是超出她能預料的事，更是不可能的任務，但是她就是憑著一股衝勁和傻勁，懷著奮發向上的精神，勇敢往前，這些人生的歷練讓她越挫越勇。

阿娘在慶應大學的研究工作

阿娘在慶應大學的主要研究工作焦點放在「雙寶液」，拿兔子、猿猴、羊做實驗，和山根山教授以人體做實驗有所區分，在西方醫學方面主要放在解剖學上面，不過死人和活人已有不同，何況動物和人的區別。那時候她撰寫論文的臨床數據都來自於動物的實驗，她每做一次就忐忑不安，請教指導教授阿部勝馬教授時，他總是告訴她說：「先通過博士論文，其他的研究等以後再談。」剛好這一年是她申請論文學位的最後期限，再過一年就要更改為課程博士，所以抓穩時機非常重要。

1961年1月19日，當阿娘取得博士學位後，她把論文投遞到日本藥理學論文雜誌想要發表，由於這一份論文是以中國漢醫的角度撰寫，該雜誌不接受，阿部勝馬教授指示她趕快翻譯成英文改投稿到國際藥學總會發表。果然，該會接受了阿娘這一份論文，並提供機票、住宿飯店安排，邀請她到奧地利維也納發表論文，而在維也納發表的相關英、日文稿，要感謝阿部勝馬教授另一名學生呂講師從旁協助。她這一份論文題目是（〈中國傳統的家庭食療〉〈中國傳統の家庭食醫について〉），主要論述是中醫認為氣

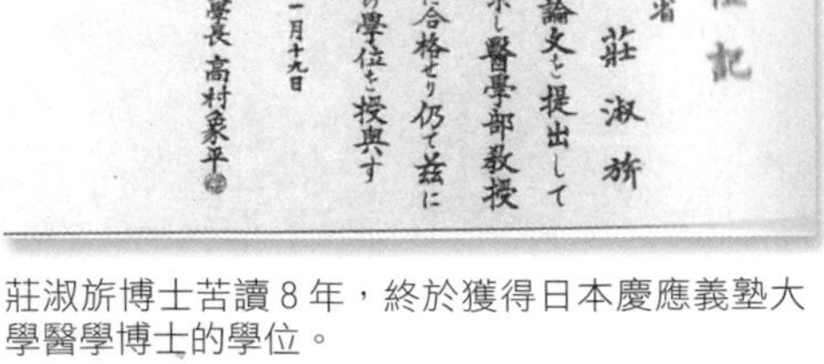
學位記
台湾省 莊淑旂
本大學に論文を提出して學位を請求し醫學部教授會の審査に合格せり仍て茲に醫學博士の學位を授與す
昭和三十六年一月十九日
慶應義塾大學長 高村象平
第四一五四號

莊淑旂博士苦讀8年，終於獲得日本慶應義塾大學醫學博士的學位。

不通暢才會產生疼痛，通暢就不會疼痛，會產生疼痛才要醫療，不會疼痛就不需醫療。

阿娘主張保持飲食均衡可以和癌細胞和平共存

阿娘採用「雙寶液」治療，一方面幫助末期病患解除肚子的脹氣和無法大小便的痛苦，一方面使病患的支氣管暢通，呼吸順暢。她相信漢朝張仲景的《傷寒論》平衡理論和她的「雙寶液」是可以解除癌症末期病患大部分的病痛，而且她始終認為人們可以和癌細胞共存，因為她在慶應大學醫院實習時，時常看到需要救助癌症病患和發生交通事故的傷患，其中有一個案例就是一個賣魚的老人，發生車禍造成內臟破裂，因為流血過多送到醫院時就離開人間，必須給予解剖瞭解身體情況，當解剖後她和其他醫師發現這位老人的胃、肝、腸全部長滿了癌細胞。解剖結束後，她拿著老人的地址尋找到他的親人，請教這位老者日常生活的習慣，根據老人的親人口述，老人今年56歲，平時身體很好，樂於參與活動，到去世以前從未生過大病，每天吃很多，精力旺盛，在傍晚5點左右習慣要喝500CC的清酒，嗜吃生魚片，不愛吃飯；每天清晨3點去賣魚，回家後洗個澡、睡覺、吃一碗半的飯、也吃肉菜等等，每天都過這樣有規律的生活。從這個案例，更肯定她的結論，就是人如果飲食均衡，縱使健康發生問題長了癌細胞，還是可以和癌細胞和平共存，不要驚慌。因此，她時常告訴我們，滯延最好的良方是提高自我的抗體和自癒力，只要讓身體平衡，可降低生病的痛楚。

中西醫學的協調和互補

阿娘的特殊背景，讓她擁有中國傳統醫學理、氣、脈整合的根基和西醫縝密分科的訓練，在中醫的觀念，一旦生病，理、氣、脈要一起觀察和思考，而西醫則是分門別類的很詳細，舉例來說，如果發燒，西醫肯定是用抗生素來降低體溫，但是會產生日後抗生素對病體無效的後作用，而中醫則是最怕不發燒、不叫疼者，不叫就不能醫，就不能由叫聲找到病患到底是哪一個腑臟生病，中醫是找到氣和運用平衡的理論來治病，在她的看法中醫和西醫是可以協調和互補，一個重視整體一個專注分科，兩相互補並沒有衝突，她擔任醫療諮詢顧問就是中西醫學並用。因為我的妹妹靜芬和她的先生郭純育，還有我的弟弟陳再生、姊夫張卓仁都是西醫醫師，因此在治病的觀念上時常和她不同。她也請弟弟再生以X光照射病患積痰、積水的情況，每天記錄各種數據和治療的情況，幫助她研發的「雙寶液」有更多的臨床證據，她想推廣這一個藥方，幫助更多的病患，只是當時弟弟對她的提議沒有產生很大的興趣，現在想來應該是錯失一個良機。現在妹妹靜芬已經從醫療生涯退休，她閱覽阿娘很多手稿，發現阿娘有關醫療的看法和貢獻非常偉大，也在推廣阿娘預防醫學的做法。可見得阿娘真的很有慧根，她懂得中西醫學的專長，將之整合，幫助病患解除痛苦。

中西醫的異同之處

阿娘常說西醫是從解剖和動物實驗來做為醫治疾病的對策，不過被解剖的死者和已生病的病患並不相同，所以從解剖獲得的知識是否真的能幫助病患不能肯定，另外，從田雞的心臟取出觀察其跳動做實驗，而人的心臟和田雞的心臟是截然不同的，她不想做沒有用的實驗，可是她的指導教授勸她要繼續以西醫的方法做研究基礎，無論是否有效，先把博士論文寫出來再說。而且，因為西醫分科太細，沒有想到身體每個器官相關聯的問題，這是她覺得婉惜的地方，剛好中醫主張「臟腑雖各自位置，而膜腠則相連」（膜指體內薄皮的組織，腠指皮膚），簡言之，人是一貫的，治病要看病患的整體，不能單就局部治病。在西醫方面，阿娘認為複方比較合理，中醫下藥除了重視病患的病情做各種調理，也很注重藥材的選擇，比如「金銀花」，各國的金銀花成分都不相同，花萼、花苞或開花時期的成分不盡相同，對利尿的作用當然會有差距，所以阿娘在選擇藥材時，非常小心謹慎，因為中醫是做整體治療，西醫是頭痛治頭，腳痛治腳，如果病患同時罹患多種病症，他的胃肯定受不了，累積一堆藥丸。她當醫療顧問時，通常不會用中藥加西藥的處方，不過病患如果選擇服用中藥外，再服用西藥，她並不阻止，因為她建議的處方是幫助病患增強抵抗力，中西醫兩者是並行不相違背。只要病患增加抵抗力，病情就不會加深，甚至會不藥而癒，不必再做治療。例如白老鼠，分成兩組做實驗，一組是缺乏維他命C的白老鼠，一組是多維他命C的白老鼠，經過注射維他命C反而促使多維他命C的白老鼠快死，原因是牠們不需要。

阿娘還沒赴日進修前不瞭解西醫在治癌上有什麼幫助，直到抵日研究後，深知西醫和中醫的不同，中醫投藥先從單味，一味一味的做，從動物加植物，然後再一一做實驗，複方才會出來。這種一方面增加病患抵抗力，一方面施藥治療，這樣的過程對病患而言是友善和溫和的。她常說，治病需要通過兩種路徑，一個是培養病體的抵抗力，這樣施藥才能見效，一個是施以複方。比如說，脹氣的原因之一是「腸套疊」（小腸套入大腸裡），病患會非常難受，如果不能通氣，病患的肚子就會越來越脹，他的小腸不僅脫不出也會一直便血，一旦血流不止會面臨死亡。通常她的對應之道，是以一分大黃加二分甘草和十分冷開水沖泡，然後一口接著一口滴到病患的口中，逐漸地讓病患的腸子開始蠕動，從不動、微動、小動到大動，最終會產生「波」的聲音，這時小腸就會脫出大腸，根本不必動手術，這是中醫的奧妙。施藥最高的原則，是要視病患有沒有抵抗力，身體虛或實，端看病患是否生血、脾脹，假使沒有抵抗力就會生血、脾脹，例如在戰爭中罹患瘧疾的軍人都會脾脹；又如小朋友體弱多病，經常拉肚子、感冒，對應之策是拿動物的內臟加肉類、植物來增強他的抵抗力，看他的需求給予的方子就叫「調劑」。有些家長會請教阿娘如何讓孩子開脾？她都會告訴他們要拿豬小腸煮四神給孩子吃；如果女孩子時常面黃肌瘦，胸部發育不良，她的藥方是拿豬的腰內肉來煮四物。在她到維也納發表的論文裡也有提到這一方面的藥方，讓在場參與學術討論會的醫學專家見識到中國傳統醫學的精髓。

在阿娘的藥方錦囊裡有不少的獨到見解，在漢藥裡有所謂的補藥，因應春夏秋冬四大節氣有進補的觀念，中國人在立春、立夏、立秋、立冬都會進補，特別在立冬這一天進補的補藥稱為「六一歸耆」，包括羊肉半斤、當歸六錢、蜜耆一兩、老薑四兩，一起燉煮，其中羊肉改成鱸鰻（即野生溪鰻）會更有效果。因為中藥材比較貴，如果窮人家想進補，她會建議燉米糕加米酒、水、龍眼乾（一人兩粒），或者加紅棗，再加赤砂糖更好。立夏進補建議用東洋蔘煮田雞，她說要先去嘴尖、四隻腳尖、去皮、內臟，只留下肝和肉燉湯，也可以加紅棗，喝湯，如果田雞是野生的會更好，喝了這個湯就比較不容易疲累。另外，「冬瓜盅」也是立夏進補的好料理，先切下冬瓜頭，把裡面的肉去掉一些，加上雞、蝦、香菇、荸薺、蛋、肉，再加胡椒、鹹橄欖粉、太白粉，放在冬瓜頭裡，蓋起來燉3小時後，就可食用，對身體的調養非常好。

在日本推動防癌的起步；成立基金會

當阿娘獲得西醫的博士學位後，先在「國立公眾衛生院」進行研究，那時候她的教授石橋幸雄先生是胃癌專家，他發現Alishanba和癌症有密不可分的關聯，瞭解癌症是因為病患長期累積了疲勞和情緒而衍生，病灶歷經時間的演變，倘若感冒就容易發作，逐漸成癌，因此平時就需要注意是否在四或五次感冒後有老化或惡化的情形，比如臉皮鬆弛、沒有彈性、皺紋多、臉上有腫有凹、有黑斑的現象，皆是老化的跡象，於是會產生記憶力衰退、抵抗力弱的情形，最後容易得癌症；而且，人體內的五臟六腑如果哪一個器官比較衰弱，容易疲勞，就比較容易被癌細胞侵入、著床而強大。石橋教授是研究胃癌權威，他的病患多達數千人以上，除了臨床研究外，他對病患會進行長期的追蹤，鍥而不捨詳細記錄病情的發展，阿娘深受其影響。

在台灣，阿娘有中醫師的執照，但在日本雖然獲得西醫的醫學博士學位，卻因為沒有日本醫師執照就無法從事醫療的工作，只能進行醫學研究。因此，她決定進入專門的癌症研究中心服務，那時候慶應大學沒有研究癌症的組織，只有築地有國立癌症研究中心，和朝日新聞社五十週年紀念事業之朝日防癌協會，所以，築地國立癌症研究中心成為她想去服務的唯一選擇。於是，她的指導教授阿部勝馬和日本知名集團三井家的三井高遂（三井先生是她的病患）幫她寫了介紹信給此研究中心的久留勝所長，久留勝所長是以三井本家提供的學費完成醫科教育的，他擔任此研究中心的總長，必須得到他的首肯，才能進去研究。萬萬沒想到，他拒絕了阿娘的申請，主因是她沒有醫師的資格，她遭受打擊，整整哭了一個星期。雖然很失望，但她是不輕易放棄的人。

一日，她突然萌生一個想法，既然研究單位不能接受她的申請，不如自己成立一個防癌研究基金會，聘請東京大學、京都大學、慶應大學的名醫教授擔任顧問，來做臨床和基礎研究，建立基礎調查和治癌有效的資料庫，如果她進入癌症研究中心，充其量只能待在某一個部門，如果自己成立超越各學院門派的基金會，反而可以統籌一切，發展的路更寬廣。當時指導教授阿部勝馬覺得她這個想法深具意義，極力支持她申請創辦基金會，於是她打了電話給東京都公益單位，懇請他們協助指導，該單位還派遣兩位科員指導她填寫申請資料、建議如何選擇銀行等事項。

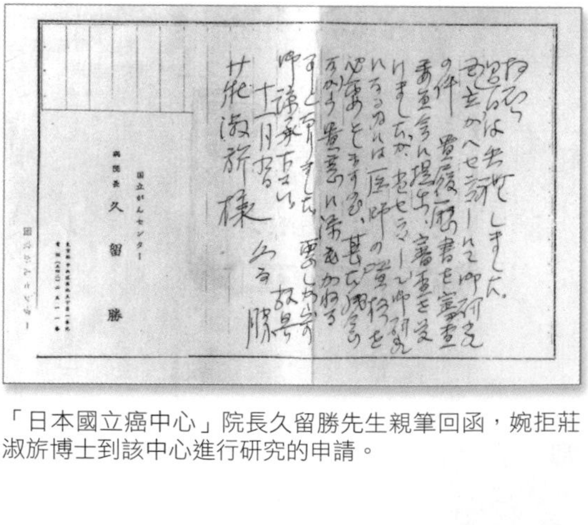
国立がんセンター
病院長 久留 勝

「日本國立癌中心」院長久留勝先生親筆回函，婉拒莊淑旂博士到該中心進行研究的申請。

台灣女人首度在日本成立基金會

阿娘找到10位日本友人擔任理事、評議員，例如飯島登先生擔任評議員，他曾經是腦科石橋教授的助教、研究胃癌的第一把交椅黑川利雄、每日放送社社長高橋信二、朝日新聞海外部支店長澾川雪夫、高島屋東京支店長仲原利男、原子力局局長杠文吉、京都製作腰帶的商社矢代仁兵衛、某大自動車社社長中村榮一郎、日本奧運總務局長田畑政治、神戶萬國博覽會設計師小谷正一、三井家的三井高遂、台灣旅日華僑周祥庚、朝日生命會社健康管理院院長後藤重彌等十幾位。算一算從籌備到成立基金會（國際癌體質改善研究會），約花了36天的時間，她的動作和效率非常好，這是台灣女人首度在日本成立的基金會，至今她保存的成立基金會時印製的小冊子還在，她是第一任理事長，任命平山雄為疫學部部長，負責最根本的調查任務，包括食衣住行主要項目，其他則是：

1、婦女來月經前、中、後的基礎體溫。
2、婦女產後有無坐月子。
3、婦女流產後有沒有調理。
4、男人性生活與癌症的關係。

前前後後總計調查了3萬6000人，建立了一個資料庫，阿娘盼望運用這些得來不易的資料，從中國傳統醫學的理論加以分析和說明，這是一份神聖的任務，也是一個艱辛的路程。在中國傳統醫書裡將「癌」這個字寫成「岩」，歸屬為陰症，剛開始發生時不會疼痛，當逐漸長大時，硬如岩石，所以謂之「岩」。醫書裡談及萬一不幸罹患這種陰症，治療的方式是要好好與它共處，萬萬不可刺激它，確保五臟六腑的平衡，讓它能夠平安生活，與此同時，患者需要過著正常的生活，每刻每秒呵護它，感化它，讓它不好意思，會從來處自行離開，一直到它消失為止，這是中醫治癌的因應之道，到了癌症末期，中醫也無藥可救，解決的方式就是幫助患者如何把「氣」順暢，減緩患者的病痛。阿娘泡製的「雙寶液」是針對呼吸器官如肺癌，來減緩患者的痛苦，如果要讓患者通氣，需要吃「養腎散」，這是從動物和植物中抽出液體製成，可以減輕患者癌症末期的病痛。

阿娘告訴我，如果要完完全全、徹徹底底深入理解癌症的起因和因應之道，一定要進行各種的調查，例如

莊淑旂博士遭到「日本國立癌症中心」所長久留勝先生的拒絕後，奮發圖強自行成立「財團法人國際癌體質改善研究會」，圖中為該會介紹的手冊內頁。

個人的體型、生活習慣、性生活、運動神經、飲食習慣、上廁所的姿勢等等，像日本人的性生活因為有紙門隔間，深怕家人聽到而閉氣，無法充分盡興，反而傷身；又如日本人喜歡吃肉不吃皮和內臟，飲食沒有均衡。

基金會籌備工作的重點

關於基金會籌備工作的重點有三：

1、建立研究治癌的資料庫

2、籌募基金

3、結合人才

阿娘為了建立研究治癌的資料庫，費盡心思，首先必須做問卷調查，她先蒐集相關資料，然後製成需要的表格，以她嚴謹的個性，光是修改就改了不下百次，其中有關免疫學的部分她不知如何統計，就請教東北大學瀨木教授，他是她在一次學術會議中認識的。當表設計好了之後，她同時進行東亞診所的業務和邀請免疫學、醫學專家幫忙做各種調查表。

關於籌募基金方面，阿娘認識日本生命保險協會會長、朝日生命保險公司社長春山定，她向保險公司籌募基金比較順暢，因為投其所好，如果能夠降低投保人病故的或然率，保險公司就可以賺錢。在對外宣傳上，她獲得《朝日新聞》和《每日新聞》的協助。召開發表會方面，則通過高島屋百貨公司的贊助，他們不僅提供場地，也幫忙企劃、出錢，甚至鼓勵百貨公司的顧客加入會員，也可定期讓罹患癌症的病患家族互相見面和討論。

財團法人國際癌體質改善研究會成立

於是，當籌備工作告一段落，在1966年終於成立了「財團法人國際癌體質改善研究會」，阿娘擔任第一任理事長。研究會成立後，每一年召開的發表會，不但公開該年的推廣治癌研究成果，也呈現在百貨公司或其他地點教育民眾做菜脯、杏仁豆腐或是做防癌宇宙操等等活動。那時候，在日本的九月稱為「征服癌症月」（がん征壓月間），在這個月她會做一些配合的活動。研究會最主要的成果是前前後後完成了3萬6000份問卷調查——體質

莊壽美老師（右一）剛抵日本時，正值母親莊淑旂博士（右三）在伊勢丹百貨策劃主持「防癌巡迴全國展」，受益良多！

改善健康相談生活調查表，來瞭解日本人生活習慣和健康的關係。問卷分發的對象有三個來源：高島屋百貨公司的會員、贊助研究計畫的生命保險協會旗下的二十社保險公司客戶、癌症中心病患。

阿娘分析這些問卷，獲得非常寶貴的健康與保健的結論，對她想做的癌症防治與症狀改善非常有幫助，而且也獲得治療婦女病的相關資訊，其中最大的收穫是需先做好測量基礎體溫才能瞭解病因，這也是她一直呼籲大家要做好測量基礎體溫才能保有健康的身體，不分男女都要做，現在台灣已經有普遍的認知，也是阿娘的呼籲和推廣的努力有了效果。

阿娘從研究得到很多心得

在阿娘的研究中，以婦女病和癌症為優先，她認為人的健康大部分和荷爾蒙的分泌有關聯，比如婦女的疾病就和生理期的處理、照顧不當息息相關。以日本人為例，女性在初潮轉大人時，爸爸媽媽疏忽女兒正處於健康關鍵期，反觀中國人在女兒初潮時就會非常慎重，先祭告祖先，煮紅豆飯或米糕，燉公雞、四物，教導相關的衛生常識；而日本人喜吃生食，當女兒處於生理期，爸爸媽媽並沒有提醒女兒要避食生冷食物，因此會影響女兒日後罹患許多婦女病。另外，日本婦女生小孩，沒有中國人坐月子的習慣，產假大多一個禮拜左右，生完小孩沒有充分的休息就去上班很傷身體；還有，一些年輕的女孩子未婚懷孕，不敢告訴家人，自行墮胎，又不懂調理身體，就馬上上班，事實上流產後如果沒有謹慎處理，會將子宮壁刮壞，子宮壁太薄，一不小心就容易出血，影響日後的健康非常嚴重，到了更年期更會滋生後患，許多婦女一輩子辛苦一生，到了退休可以享受人生時，卻因為荷爾蒙失調而生病，例如乳房弱而得乳癌，子宮弱而得子宮癌等等。

在日本男性方面，因為時常單身就業，沒有正常的性生活，造成內分泌失調，反而易得胰臟癌、攝護腺腫大或攝護腺癌，特別是事業有成就非常忙碌又睡眠不足的知識分子，最容易罹患這些疾病。攝護腺腫大的主因，是生殖器官沒有充分刺激、活動，阿娘為了這個疾病，發明了「金冷法」，男性在洗熱水澡後，睪丸生殖器官會變軟，此時用一桶冷水加冰塊去浸泡睪丸生殖器，讓它變硬，然後再加熱水浸泡變軟，這樣重複做至少三次，多次也無妨，就像洗三溫暖一樣，可以提供睪丸生殖器充分的刺激，就可以預防攝護腺肥大或攝護腺癌了，如果家中有男孩或先生，要鼓勵他們多做，可以照顧他們的健康。

在台灣人得癌的種類，以鼻咽癌和肝癌最多，在阿娘長期的臨床經驗和研究，她獲得許多寶貴的心得，她觀察入微，時時苦口婆心提醒大家：

1、感冒是萬病之首，所以要慎防感冒

2、今天的疲勞，今天消除，要設法消除當天的疲勞，不要留到隔日

3、每天勤做「防癌宇宙操」

4、男女皆要勤於測量基礎體溫，特別是婦女要注意生理期的保健

阿娘認為，每個人如果每日生活正常，可增加自己的抵抗力，就不容易生病，但如果自己增加惡因，就會導致惡果，比如有人吸菸，平常吸、熬夜加班也吸，越疲勞越愛吸，反而更加戕害自己的身體，這個道理大家都理解，可是時常故意忽略，於是健康就逐漸離您而去了。

台日斷交的衝擊，讓阿娘越加奮勇

1972年台灣外交上遭受了挫折，日本政府和中國大陸建交，和台灣當局斷交，當時最後一任駐日大使是彭孟緝先生，他曾經幫助過她，她獲知彭大使要離開日本時到日本外務省做最後的拜會，卻遭受外相大平正芳的冷漠拒絕，阿娘非常難過，心知現實外交的殘酷，於是她掛念放在「國際癌體質改善研究會」存放的3萬6000份調查表和其他相關資料，因此她當

下趕到研究會，沒想到這些資料都被一些侵入研究會不友善的日本人燒毀了，她心一沉，急忙跑到樓上想拿金庫的印章和錢財，也被別人統統取走了，甚至書桌也被搬走，目睹這樣的窘境，阿娘心裡興起一股寒意，因為這批寶貴的資料她尚未整理統計、分析和發表，只能憑著平常閱覽調查的結果一些印象，逐一爬梳出來，加上一些保健方法，才能應用在日後的文章內，這些資料是她在日本花了10年的光景辛苦得來的，如今因為台日斷交產生的影響，導致一些不友善的日本人將她的心血通通毀掉了。其中，還有一位醫生理事在幾個月以後，居然寫信通知會員，捏造她已經放棄研究癌症的工作，不過他的處方全部都由他負責管理，希望會員有需要的話可以找他，此事引起其他理事的不齒，紛紛協助阿娘處理善後，也向她道歉。但是，她經過一番深思熟慮後，親筆寫了一封致理事公開信，正式表達她要結束研究會的業務。

阿娘對台日斷交一事，感觸很深，因為她對日本人有深厚的感情，在留日深造期間，一路遇見幫她的貴人，因此在她內心中已經將日本當作她的第二故鄉了，萬萬沒想到一個現實外交的決定，撕裂了台日兩國的友情，也傷害了她深厚的信任，所以她左思右想，希望對未來的發展想出一個正確的選擇。在思考的過程中，阿娘曾經帶阿嬤去環遊世界，順便觀察各國醫學發展的狀況，讓她可以判斷留在日本好，或是回到台灣、轉往其他國家發展好呢？阿娘在旅遊過程中，認為那時候的醫學並無多大的進步，光是憑幾篇發表論文並不能對普羅大眾有太大的貢獻，而且醫學理論，經常快速被推翻，到底要如何走下一步才能對世人有所貢獻呢？這個解答一直環繞在她的腦海盤旋不已。

擔任「主婦之友」相談醫，打開了阿娘一扇窗

在阿娘正在思考未來何去何從的時候，一方面接受《主婦之友》（《主婦の友》）雜誌社的邀請，擔任他們醫學諮商的相談醫，《主婦之友》創刊於1917年，主要以登載烹飪、裁縫、育兒等生活實用性的內容聞名，其辦刊特色與那時候將賢妻良母作為女性理想形象的時代氛圍非常投合，所以深受女性讀者的青睞。他們的封面設計、邀請的作者都是一流之選，一代文豪谷崎潤一郎也時常投稿發表文章。到了1920年，該刊就榮登日本女性雜誌銷量的第一名，1943年7月號的發行量創下了163萬冊的最高紀錄。第二次世界大戰後日本經濟的高速發展，投入職場的女性人數大幅度增加，《主婦之友》以精采的生活情報符合中產階級已婚女性的需求，廣受歡迎，而且與《婦女と生活》、《婦女俱樂部》和《主婦與社會》並稱為日本四大女性雜誌。20世紀70年代以後，《主婦之友》進入了銷售鼎盛時期，每一期的發行量都在70萬冊以上。可惜，從80年代以後到90年代初期，銷售量大量下滑，於是在1993

年改版，但發行量仍然不見起色，最後在2009年5月停刊。她擔任《主婦之友》相談醫是在他們蓬勃發展的時期，這一份工作為阿娘賺取一筆豐厚的生活費，而且聲名大噪，讓很多日本女性讀者認識了她。

接受3家大公司的邀請，擔任醫療顧問

與此同時，阿娘透過生命保險公司的介紹，擔任3個大公司的醫療顧問：1、位於京都的矢代仁兵衛主持做和服腰帶（西陣織）的商社。此商社、還提供獎學金給我的弟弟再生、妹妹靜芬，使得他們能順利拿到醫學部的學位，在此表達謝意。2、大倉恭主持的ハンミン計算尺株式會社。此公司還聘我為員工，使我在日本的生活獲得保障，在此表達謝意。3、宮崎輝主持的旭化成（纖維公司）。

這三家公司平時就有贊助阿娘的研究會，他們也很熱誠邀請她擔任他們公司的醫療顧問，主要負責的義務是一年到公司演講兩次，一次對社員演講，指導他們如何保持身體健康，一次對社員的眷屬演講，指導他們如何在飲食生活上照顧社員。其實，那時候還有10幾家公司熱烈邀請她，例如東洋某化學株式會社，但是她的行程都排的滿滿了，她只能一一婉拒，

只保留了3家，也是感謝這三家始終贊助研究會的回饋。

另起爐灶，成立「國際防癌家族協會」

前面提到阿娘領到日本的外人在住資格，最主要的是得到日本出入國管理局局長高瀨侍郎的大力襄助，高瀨先生的阿娘和夫人都因為罹患癌症相繼病逝，就在台日斷交，她結束研究會的業務後，他聽聞消息跑來找她，他鼓勵她重新開始，不要氣餒，他願意幫助她取得日本國籍或日本居留權。她認為她是道道地地的台灣人，不能拿日本國籍，而且始終要用自己的姓名發表論文，為國增光，當她把心意告訴高瀨先生，高瀨先生就幫她爭取永久居留權，於是她準備了一些資料，在1977年取得了日本永久居留權。

同一年，阿娘另起爐灶，成立了「國際抗癌家族協會」，她是代表人。隔年，因為入會者認為當時的研究還無法做到抗癌，找不出病因，希望易名為較為柔和的稱呼「防癌」，因此「國際抗癌家族協會」更名為「國際家族防癌協會」。她在東京大學時曾經和石橋幸雄教授共同研究免疫的問題，那時候研究的方向是如何對癌症產生免疫的能力。他們依據研究的成果，得出結論，認為癌症的發生是細胞產生異常的變化，為了克制癌細胞的蔓延導致病患死亡，西醫通常採取殺死癌細胞的方法，但在殺死過程中也會傷害到病患的正常細胞，導致病情不僅無法控制，反而加速癌細胞的轉移，最後不治病逝。其中，外科部每日至少要為四到五位病患動手術，有時候動完手術後，發現癌細胞已經蔓延，醫生就不會予以切除，而是將傷口縫合，有些病患會誤以為手術成功，出院後更加珍惜生命搬到鄉下清靜的地方居住，卻能延長生命活得很老，這應該是心理受到影響幫助病患樂觀面對重生。石橋教授專長在胃癌研究，他把癌細胞切片，清洗磨成粉，加重碳酸鈉（重曹），然後把它注射到身體的各個部位，觀察這些部位是否可以產生免疫力，來阻止癌細胞的蔓延。不過，這些努力卻徒勞無功。我們知道因為動手術而病逝的癌症病患不勝枚舉，動手術的病患不見得會成功，而不動手術的病患也不一定會早離世，因此之間的治癌之道仍需研究去解密。

阿娘以前總認為罹癌是會遺傳或傳染的，後來發現並不盡然，只是因為家庭環境類似，如果家人有人得癌，家人得癌的比例會比較高一點，就好像母親做料理的菜色和味道，兒女們都很熟悉了，一旦習慣了，其他菜色和味道就不吃，這樣一來就容易產生偏食和吃的不均衡，就會容易生病，所以如此就能說明為何家中有一個人得癌，其他家人比較容易得癌的原因了，阿娘常說阿公喜歡吃肉，不愛吃蔬菜，而阿爸喜歡吃菜，討厭吃肉，他們都得癌病逝，就是偏食使得營養不均衡，容易成為得癌的原因。預防醫學裡，最重要的就是我們每個人要從日常生活實行預防疾病，一旦身體有異狀，如果及早知道原因，可以給它一些營養指導，就不會惡化，不見得一定要將它切除，最重要的是要增加體內的免疫能力。

胃癌與飲食習慣有關，癌不是遺傳病

在阿娘的研究裡，得到很多寶貴的結論，早在「國際癌體質改善研究會」時期，經常舉辦一星期或一個月的研討會，例如 1967 年召開的座談會中，是以「癌症研究——以體質和生活為主」（「がんを語る——體質と生活を中心として」）為主題，參加討論者有癌研附屬病院院長黒川利雄、日本對朝日新聞顧問笠信太郎、東京醫科齒科大學教授上野正、慶應大學醫學部教授——診療部長山下久雄、東京大學醫科學研究所教授飯島登、赤坂東洋醫學所長財團專務理事桑木崇秀，她則以財團法人國際癌體質改善研究會理事長的身分參加。這一次座談會中，雖然有一些

莊淑旂博士策劃主持「防癌巡迴展」時，特別延請駐日大使毛松年（右二）等長官一團人剪綵，甚感殊榮！（中間穿著旗袍者為莊博士長女莊安纁）

學者提出癌症有遺傳性，但她也提出在此條件下，如果再加上外在環境的不良條件，就可能會得癌症，也就是說得癌的條件有內在因素也有外在因素，治癌的方式除了直接治療外，還要增強身體的抵抗力。黑川利雄教授是著名的「集團檢診」研究者，為了找出日本人罹患胃癌偏高的原因，他時常一大早出發，在鄉下農夫還沒下田的清晨3點，展開X光攝影的拍攝工作，有專人負責檢查和統計，並且立即將片子洗出來，研究者分門別類研究，根據他的研究，得知日本人得胃癌比例高的原因與飲食習慣息息相關：

1、日本人吃魚喜歡用烘或燻烹調，導致產生炭素，使胃液、胃壁萎縮，產生病變。

2、沒有細嚼慢嚥，吃完再配以冷水。

3、喜歡吃甜、鹹夾雜的食物。

所以改變飲食習慣，是可以降低罹患胃癌的可能性。因此黑川利雄教授的研究後10年，大幅度改善了日本人罹癌的比例，使得胃癌不再是日本死亡率第一的病症了。

阿娘如何運作「國際家族防癌協會」

「國際家族防癌協會」不是以財團法人的方式成立，而是以民間團體的方式組成，當時參加者約莫2萬多人，大部分是家族內有人罹癌的家屬，這些會員比以前「國際癌體質改善研究會」的會員還熱心，也有祖孫三代來義務幫忙的，職業有醫生、營養師、家庭主婦等等，這個組織不收會費，而是接受自由捐贈，只有少部分的職員有薪水，其他大部分是義工。阿娘把義工按照症狀、方法分組，例如易寒（冷えやすい）、胃下垂、生理中、妊娠中、產後養生法、如何輕鬆愉快度過更年期（更年期の樂いむし方）、子宮筋腫、和癌共存（がんと共存）等組，假使有人來信請教，這些義工自動分信交給該組人員，並整理出病患的症狀，分成已動手術、未動手術，再開會檢討，然後把做好的指導卡交給病患，指導他們做一些保健和改善病症的方法，比如睡覺前要如何消除一天的疲勞；每天早上起床，先用手掌互相摩擦生熱，用手摀嘴，並吸氣再吐在雙掌心，避免吸入冷空氣而感冒等等。

在阿娘的想法，她希望在最基層的地方上打下根基，那時候日本有47個縣市，所以她在每一個縣市都設立一個分會，每年舉辦一次「勉強會」（學習會），勉強會召開通常先從唱歌開始，然後由她指導他們一些必要的運動和處理辦法。義工如果學會了，就會主動教別人。除了勉強會外，每一年的九月還會在東京召開一次大會，她都會親自主持，她要求接待人員都要穿著旗袍，而且替她們訂製，有一些理事非常看重這個大會，如果遇上出國旅遊，也會想方設法趕回日本參加。這個防癌協會主要工作室提倡預防醫學，並且希望增強病患的免疫能力，讓他自己可以抗癌，她期待日後可以把這一套模式移轉到台灣發芽。

按照阿娘的作法，先找21個縣市的縣市長當作發起人，等同每一個縣市都有一個據點，由有愛心的癌症患者或他的家屬來協助是最理想的做法。這一套辦法是否能實踐，還要仰賴政府單位密切協助，例如衛生單位——公共衛生的問題；教育局——基礎體溫的問題；社會局——工作時間、社會調查，以便展開一系列相關的調查工作，而且能夠把調查資料輸入電腦內。她希望她每年在台北訓練一批義工，經過考試合格後，頒發證書，就可以在各縣市指導更多的人，而且她很重視製作指導卡，可以指導病患救自己。當然，她在日本執行這個做法，確實救了很多人，其中有一個非常特殊的案例：

一日，防癌協會的義工接到一位婦女來電，但是她過於激動只是哭泣沒有說話，幾個義工相連接聽電話都無法誘引她說出問題，最後只好轉給阿娘，阿娘輕聲細語告訴她：「我是莊博士，我知道妳說不出來，但是我想救妳，如果妳不出聲，會延誤救妳的時機。」結果她終於說話了，因為她大姊的兒子正在手術台上抽骨髓，有痙攣的現象，她很擔心，希望阿娘救這個小孩，而這個小孩已經發燒到40度，送到醫院已經好幾天，高燒仍然不退，醫生建議抽骨髓觀察是否腦膜炎。阿娘請她安心，教她去買日本白酒（類似台灣米酒，酒精濃度25）12瓶，放在燉桶內保溫，加上十分之一的薑汁，用毛巾浸過，再由手腕上一寸半的地方包住病患整隻手掌，毛巾冷了立即再換熱的，指尾和指甲兩邊都要搓揉、替換，一直燙到手都紅了。只要換3次毛巾，病患痙攣的現象馬上消除，然後放屁。等他抽完骨髓，溫度就下降了。再到商店購買蕎麥粉（500公克一包），加3個蛋白，不停攪拌到蕎麥粉可以成團為止，再用油紙、外包紗布，把粉團包在手心、腳心，每天早上替換一次，3天後就會退燒。如果病患有饑餓的感覺，可以餵他吃薄粥。到第七天，這個小孩在家人陪同下，向阿娘致謝。阿娘這個治療法是讓病患通氣，分散病患的熱度，以便增強他的免疫力。

阿娘從小到大的中醫醫術，都是日常陪在阿公身旁耳濡目染習得，再加上她很喜歡閱讀醫書和藥書，應該是把中國傳統醫學的精髓融會貫通了。後來，赴日深造，深究西醫的理論，更加幫助她中、西醫學的整合，在那個時代幾乎找不到幾位像她如此背景的醫生，因此日本人很欽佩她的醫療專業，時常用諮詢的方式請教她，向她求教，而她也不吝惜，本著懸壺救人的精神，不停地救人愛人。如今，回想我在日本陪伴她16年，親眼目睹的案例不計其數，除了感動還是感動，所以我立志也要效法她，從事預防醫學推廣的工作，看到病患找回自己的健康，這是用金錢買不到的快樂，我願意追隨她濟世救人的慈悲作為，努力不懈做下去。

九、來往台日醫病醫心，懸壺濟世

在阿娘一生中救了很多人，不僅醫治病人的病，也醫治病人的心，因為她總認為身心合一，心裡苦悶憂傷，會影響身體的健康，所以她在擔任醫療諮詢顧問時，很有耐心的聽病患敘述他不舒服的地方和過程，所以病患不覺得在治病，反而覺得很像向媽媽發洩心中的鬱悶，而阿娘會從病患的起居、飲食、作息等等細微的事情問起，往往病患會感覺阿娘很像阿娘非常呵護著他。在此舉例娓娓道出阿娘和她的病患之間友善的互動和真情流露的關懷。

(1)日本皇太子妃美智子的台灣恩人

大約30幾年前，在平成天皇還沒登基、仍是皇太子時，皇太子妃是美智子。因為美智子是平民，突然嫁入皇宮深受嚴格的禮教約制，造成很大的壓力，不僅體重下滑，又因夫婦去琉球被小暴動嚇得月經沒有來，尋遍很多御醫和名醫，都治癒不順，據說是美智子妃閱讀阿娘的著作《青春永駐的生活與飲食》後，透過宮內廳（主管皇宮事務的政府機關）官員而展開尋找阿娘。皇宮則是請台灣亞東關係協會和相關學校（慶應大學）對阿娘的身分背景做了一番調查，大約花了3年半的時間，經確認無礙，才與阿娘接觸。1978年7月，阿娘進入日本皇室擔任時任太子妃美智子的營養調理師和日本皇室健康顧問，當時美智子的體重只有38公斤！往後，阿娘與美智子產生38年的交情，往返書信累積數百封，而阿娘曾經三度化解美智子面臨的危機。

阿娘和美智子妃第一次見面時，她先觀察美智子妃平日使用的洗澡間、臥室、洗手台等地方，並且在庭園裡與美智子妃邊走邊聊，希望在輕鬆自然的環境下瞭解美智子妃的日常生活狀況。剛開始，阿娘每天去皇宮，後來改成每週去一次。阿娘提醒美智子，人生有「未老先衰」、「返老還童」等狀況，如果希望身體健康，不能完全依賴醫生，還要靠自己，所以阿娘請美智子妃每天要記錄自己的健康狀況，在筆記上欄記下每天早上的體溫，下欄則記下每天的身體狀況，阿娘希望美智子妃要為自己的健康負責，自己的健康要靠自己診斷和管理。當時她提供的對策有三：

1、改善飲食。因為美智子妃已經太瘦了，不宜再吃故鄉娘家陪嫁的酸梅，儘量吃可以長肉的食物；此外，叮嚀她吃蒸粥（胖者用白蘿蔔汁和白米以10比1的比例蒸煮，瘦者用紅蘿蔔汁和白米以10比1的比例蒸煮）、麻油雞、鰻魚、牛排等，並教做做蘿蔔乾，助排氣等！

2、調整心情。因為美智子妃曾經與太子到戰區巡視，遇見炸彈爆裂，驚嚇之後，休克了，月經就沒有再來，皇宮御醫都是男性，問診時忽略提問這一方面的病症，而美智子妃也不好意思表達；另外，皇宮禮教嚴格，美智子妃身分特殊，任何行為必須遵守規定，造成她長期緊張，故阿娘請她放輕鬆，把心放下。

3、勤做運動。阿娘請美智子妃一方面多到庭園散步，一方面將身體倚靠牆壁站立，讓頭、背、腰、腳底後跟都要緊靠牆壁，但因為美智子妃的背部無法緊靠，雙手也沒辦法沿著牆壁伸直，這是因為她長期接見外賓坐姿不良又缺乏做伸展運動而導致。聽說，美智子妃花了3年半的時間，才將身體各部位緊靠牆壁站立，真的很有決心。

阿娘並不因為美智子妃的貴族身分對她另眼看待，在相談過程中態度和藹可親，但是執行過程非常嚴格，當美智子妃靠牆動作不標準，她照樣嚴厲要求，才能讓美智子妃重拾健康，所以美智子妃將她視同她的恩人。2016年，日本《女性自身》刊物拜訪我們莊家，追溯她當年和美智子妃互動的情況，她是個很謹慎小心的人，私底下不太愛提及這段特殊的因緣，不過現在她已離開人間，相信美智子皇后已經獲悉，也會和我們一樣永遠懷念她的。在2016年5月22日《蘋果日報》刊登了一則新聞，全文批露如下：

現年81歲的日本美智子皇后，與去年（2015年）2月過世的「防癌教母」、台灣首位女中醫莊淑旂有38年的深厚交情。最新一期日本《女性自身》雜誌訪問莊淑旂三女莊靜芬，得知她們兩人有數百封書信往返，莊淑旂曾三度化解美智子面臨的危機。當莊過世消息傳到日本皇室後，宮內廳深怕美智子打擊太大而不敢在第一時間告知，報導也首度披露兩人書信內容。《女性自身》指曾任美智子主治醫師的莊淑旂以96歲高齡過世後，家人發現她與美智子間有數百封書信。莊靜芬回顧這段持續38年的交流秘辛。莊靜芬說，當時41歲的莊淑旂取得慶應大學博士學位後，以替日本名人管理健康著稱，某天接獲通知，希望她能替皇太子妃（即日後的皇后美智子）管理健康事宜，開啟這段緣份。美智子於1975年與當時還是皇太子的明仁，在訪問沖繩時遭汽油彈攻擊，雖未受傷但健康大受影響，莊淑旂建議她改變飲食習慣，三餐份量改為早3、午2、晚1、天天清晨外出散步。1993年美智子一度得了失語症，莊教她用米酒和薑汁泡腳、按摩

翻拍自日本《女性自身》雜誌的報導〈美智子的台灣恩人〉一文。

2016年5月23日，《蘋果日報》刊登〈台灣防癌教母三度救日皇后〉一文，細數莊淑旂博士和日本美智子皇后的友情。

耳朵以放鬆精神。2011年3.11東日本大震災後，美智子在前往災區探視前，透過宮內廳的女官再寫信給莊，提到她膝蓋痛和手麻毛病，莊靜芬認為，美智子皇后是想在去直接鼓勵災民前，先消除自己身體不適而向阿娘求助。莊淑旂1996年退休返台定居，據說美智子對莊的保健建議都一一照著做，莊曾讚她是「我的優等生」。從兩人的書信可知，美智子如此聽話，除了想長壽外，另一目的是為了日本國民而長命百歲的強烈使命感。莊靜芬說，她在阿娘過世後曾替阿娘回過信。專跑日本皇室新聞的記者松崎敏彌指出，美智子礙於身分無法親到台灣在恩人墓前致意，但她努力保持健康，完成公務就是對莊醫生的報恩。《蘋果》今無法連絡上莊靜芬，無法取得她對報導的看法。（國際中心／綜合報導）

(2)日本大分縣平松守彥知事和女兒的故事

1970年，大分縣知事平松守彥先生失去了他的愛妻，他原來在東京通產省工作，因為工作關係經常遲歸，讓他的愛妻夜夜苦等操勞，後來愛妻罹患胃癌，遭受病魔折磨而逝。那時候他兩個女兒才10幾歲，認為是父親的緣故才會導致母親早逝，從此種下心魔，無法原諒父親，甚至想殺死他。後來防癌協會的義工知道這樣的事，就將兩個小孩帶到阿娘的家，讓她將之調教、輔導。她和這對姊妹花一見如故，不管是健康方面或是生活上的煩惱，都很有愛心和耐性疏導她們，日子一久她們在她充滿愛的輔導下，非常信任她，並且諒解父親的疏忽，甚至她們長大要結婚時，派遣協會的人在旅館教導婚後性生活的相關事情，她們將她視同母親一般，因此平松先生非常感激阿娘對他一家人的照顧和關懷。

平松先生是位親和力很高的官員，沒有高高在上的官架子，他因為受恩於阿娘，所以他無止盡的回饋她，只要她的協會任何推廣工作，他都大力協助，舉凡推動改良體質、防癌、教女學生測量體溫、傳授性教育等等，平松先生都在他主政的大分縣全力配合，而且大分縣是日本推行縣政成果最好的一縣，前總統李登輝先生很欣賞平松先生推動的「一村一品」運動（就是每個村都有一種特產，無論是食物或手工藝品均可），想找他談一談。很多年前，平松先生訪台，任務有二，一個是和高雄縣締結姊妹縣，並做演講；一個是慶祝李登輝先生當選總統，並和李總統見面。阿娘也將平松先生演講的影帶寄贈給李總統，而平松先生完成台北之行的任務後，在第三天宴請招待我們全家。1988年，阿娘因為思念過世的阿嬤，將她照顧阿嬤高齡者生活的心得分享給大家，而撰寫了一本書《阿娘——介紹高齡者過身心快樂的生活》，邀請平松先生寫了一篇序，序文中平松先生表示莊淑旂博士是他最尊敬的醫生，她不僅是漢方的名醫，也是他們一家人的生活導師。

(3)前首相池田前先生渴望喝到一口水

阿娘曾經是日本前首相池田前先生的醫生團隊成員之一。當池田先生最後一次競選時，不幸已罹患慢性喉頭癌，最後已經沒辦法說話了，但是他不聽勸，堅持表示他為政治而犧牲生命在所不惜，為了選舉，醫生團隊只好對外宣稱他只是喉嚨發炎而已。那時候，她勸他不要所有場合都親自參加，可以找替身出現，只需挑選重大場合出席就好，但是他堅持一定要場場出現。後來，他當選了，病情卻加速惡化，無法上任，他入院做放射線治療，兩頰黧黑且深凹，牙床外露，喉嚨很緊，沒辦法進食，只能在喉部插胃管餵食。他要阿娘去看他，本來她不想去，因為她不忍心看到一位原來氣宇軒昂的政治家變成躺在病床上非常虛弱的病人，可是沒法拒絕他的邀請，所以她還是去了。

池田先生一見到阿娘來探視，就在一張紙上寫著「るず一滴」（一口水）。想想看，一位叱吒日本政壇的巨人，竟然想喝一口水都沒有辦法！這是因為他無法從口中進食，缺少唾液、水分的滋潤，整個口腔已經潰爛。於是，她想出一個辦法，她泡了一碗鹽水，先清洗池田先生的嘴巴，再用棉花沾水滋潤他的嘴巴和喉嚨，當水一入口，他臉上霎那間展露出非常滿足的笑容，頓時間周圍的人都看到他神采奕奕的樣子，彷彿他恢復了健康，3天後，他離開了人世。當他的好友石坂先生聽聞阿娘讓池田先生喝到滿足的一口水時，抱著她的肩膀痛哭，他感謝她讓池田先生滿足的喝下一口水，也只有她會想到用如此簡單的方式達成池田先生的願望。

(4)子宮癌病患五十嵐夕美依然存活

在日本有個「愛敬會」組織，係由日本一些癌症患者經過阿娘調理指導後，不再懼怕癌症，並且勇敢活下去的人所組織的一個民間團體，當時成員大約有10幾個人，其中有一位成員叫五十嵐夕美，她是經營販酒的大商家五十嵐商店的老闆，原來是子宮癌病患，經過阿娘的指導，至今還活著，非常不容易，她說：「幸好得了這個子宮癌，才讓我認識了莊醫生。」

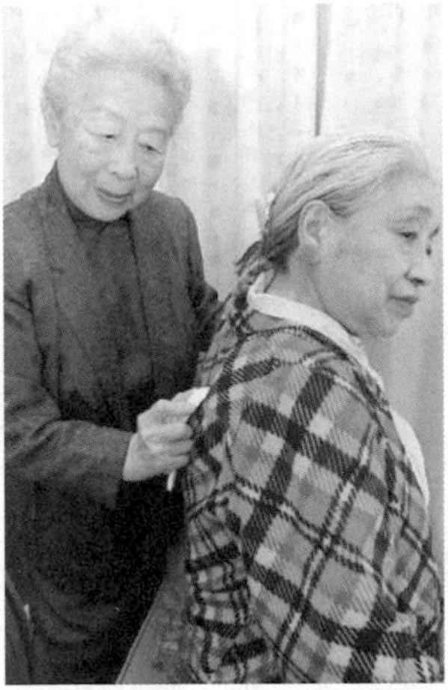

莊淑旂博士指導五十嵐夕美女士做背部刮痧的動作。

体をあたためる食事で、
子宮ガン手術後も、若々しく
五十嵐夕美さん

日本《主婦之友》雜誌刊登五十嵐夕美女士得癌、治癌經過，文中報導莊淑旂博士如何照護五十嵐女士。

當我第一次去日本時，在主婦之友社看到五十嵐夕美女士全身穿著黑衣，披頭散髮，無精打采，趴在桌上上課，阿娘努力用心的為她治療，連衣飾都請她改成較鮮豔的顏色，她打扮起來很漂亮，我稱她是「洋娃娃阿巴桑」，今年（2016年）她特地和女兒專程來台祭拜阿娘，真誠感人！每一年11月26日是阿娘的生日，「愛敬會」的成員都會邀請她到日本參加她們幫她舉辦的慶生活動，至今「愛敬會」還存在。現在，我們第二代的傳人和她們還在來往中，五十嵐夕美女士仍然老當益壯帶領「愛敬會」的成員，時常關心和參與莊淑旂基金會的重要活動，這些死忠的粉絲永遠懷念和感恩阿娘給她們的重生機會。我時常會想起他們認真、誠懇的在她面前跳舞，博取她歡欣的感人鏡頭，那是多麼令人懷念呀！

⑸食道癌患者鮫島員重和妻子的一世情

阿娘有一位散步的朋友叫鮫島純子，她有很多朋友退休後不久不幸得了老人癡呆症，她問阿娘是否有方法預防呢？阿娘很輕鬆地回應她說可以洗筷子來降低罹患癡呆症的可能性，方法是這樣的：

1、先將幾根筷子合起來用雙手搓洗，雙腳要自然用力站穩，雙手要使勁地揉搓。

2、在搓洗中，耳朵受到水聲的流動刺激，幫助大腦活動，比較不容易癡呆。

因為鮫島純子女士很溫順，不敢叫先生鮫島員重洗筷子，阿娘就替她轉達給鮫島員重先生，沒想到鮫島先生一口答應，而且感到是一件愉快的工作。後來，阿娘又請鮫島員先生洗碗，碗有底座、有邊緣，清洗時會刺激手指尖末稍神經，還有擦桌子，用力將桌布往左右上下擦，這些手足末端的運動都可以幫助老人預防癡呆症；此外，晚上吃碗蒸粥，更好。煮法是胖的人以帶皮的白蘿蔔汁和白米以10比1的比例水開後再以小火煮1小時，瘦的人以帶皮的紅蘿蔔汁和白米以10比1的比例，以同樣的煮法，即可食用。平日，建議要多散步，散步時走一直線，抬頭挺胸，提肛縮下腹，大腿內側用力，讓肌肉堅韌，手的搖擺前三後四，如此調理身體，約經過6年，鮫島先生的脹氣、大便不通、腰痠背痛等症狀迎刃而解。

當這對老夫妻結婚50週年紀念日時，他們不開慶祝會，卻邀集86對他當過證婚人的夫妻，共聚一堂聆聽阿娘養生之道的演講。鮫島先生省下開慶祝會的錢，事先自己寫一篇問候信，介紹阿娘對疾病防治的看法，而且還附寄一份問卷表，讓這86對夫妻填寫，看看最後是哪一種疾病比較多，阿娘說當天她就把86份問卷表加以分析和說明了。86對夫妻的先生們也因為聽了阿娘的演講，對做家事有了

鮫島純子著《宇宙健康法：莊淑旂的養生智慧（熱銷十年紀念版）》，裡面的插畫也是鮫島純子親筆畫的。

改觀，紛紛央求太太讓他們協助分攤做家事。往後，這些夫妻只要慶祝結婚週年，都能展示他們健康的身體，讓鮫島先生感到非常的欣慰。

鮫島純子在 2013 年和台灣時報出版公司合作，出版了一本《宇宙健康法：莊淑旂的養生智慧（熱銷十年紀念版）》，書中主要談及鮫島純子及其夫婿因緣巧遇阿娘的事蹟，他們夫妻奉行防癌宇宙操和自然健康法多年，感受到身體的種種改變，罹患癌症的鮫島先生更因此在無開刀化療之下，安詳平和地度過餘年，可謂是莊氏健康法的最佳見證者，至今鮫島純子女士仍然懷念著阿娘的一世恩情與友情，也常常來台，甚至住在我們家，繼續向她學習並努力出書，造福日本人！

鮫島純子在 1922 年生於東京，是日本資本主義之父澀澤榮一先生的孫女。1942 年與鮫島員重先生結褵，育有三子。鮫島先生退休後，夫妻兩人開始學習繪畫，投拜在水墨畫大師目黑巢雨門下習畫十餘年；從 1983 年起，一起展開晨間散步，而與阿娘結識，之後即認真奉行她的健康指導，過著不曾感冒、神清氣爽的健康生活。1988 年，鮫島先生罹患食道癌，決定不動手術，而以她的自然調養方法，由鮫島女士在家中為其看護並送終。

⑹胃癌患者昭和天皇侍官白根松介喜悅重生

昭和天皇的一位侍官叫白根松介，是胃癌患者，在他97歲高齡的時候，正準備慶祝鑽石婚（結婚五十週年紀念），卻沒想到在這2個月前不小心得了重感冒，用了30幾種抗生素都沒有辦法幫他退熱，他的家人輾轉找到阿娘，那時候她和阿嬤赴美幫我的妹妹靜芬生產做月子，本來預計逗留美國1個月，但是因為靜芬比預產期晚10幾天才生出孩子，所以她和阿嬤需要延遲返日，就在這當頭，她接到緊急電話，期盼她趕快回到日本幫白根松介治病。

白根先生的家族有罹癌的病史，他的祖父得了咽喉瘤，父親因胃癌病逝，所以在他年輕時就有心理準備，可能罹癌的機會很大，在阿娘得知白根先生罹癌的20年前，他被皇宮醫院的醫生診斷出得了胃癌，後來到了赤十字社（即紅十字會）診斷也是一樣的結果。胃癌需要動手術，可是白根先生的夫人不同意，當她幫白根先生診治時，知道他不能吃油、肉、鰻魚，她請他在飯前休息，並做運動，首先先從抓手、拉耳、按眼眶、後腦，再動動雙腳，把氣打通，就不會消化不良，因此病情逐漸好轉，讓白根先生慢慢有了信心，離開陰影的困擾。

阿娘擔任日本人的醫療顧問時，都會先去觀察這些病患平日的住居環境和生活情況，才能整體調節病患的身體，有一天她到白根先生的臥室看他，根據他的家人描述他一直昏睡，她為他把脈，發現需要幫他發散熱氣，通常西醫會用抗生素來壓制，讓它發不出來，但是這樣高熱會退不下去，因此她提供了一個非常好的食療方，請他家人用一杯米加七杯水來燉稀飯，另外準備鹹薑（用味噌醃製的）、菜頭、牛蒡（用豆醬醃製的）、紫菜等容易下飯的配菜。此外，在準備食物時，她使用老薑汁一碗和米酒（大約薑的一半份量）加熱，來為他擦背，同時刮痧，一直到他的肩胛骨變成暗紫色為止；接著，她使力抓白根先生的頸後根，透過一番擦背和刮痧後，稀飯也煮好了，慢慢地一口一口餵他吃下，吃完再躺下休息，她在他的背後墊著毛巾，然後不停的刮他的手腳，讓他流汗，反覆濕了7條毛巾。

當阿娘離開白根的家，回到家裡，半夜還關心打電話到白根家詢問病情如何，家人都說白根先生不在，等問到真正答案時，原來他已經自己可以活動，起床跑去洗澡了。到了第二天清晨5點，她再度打電話詢問，家人還是回覆沒有看到他，原來這時候他高燒已退，跑到花園澆水掃地了。

到了白根先生50週年結婚紀念日那一天，他向親友發表感言，主要感謝阿娘診治他的胃癌，陪他戰勝病魔，要不是她幫他的背「喝燒酒」，恐怕他沒有辦法參加這個活動了，除了感謝還是感謝，是阿娘讓他重獲健康。

(7)阿娘讓扁桃腺癌患者吳阿明董事長有了口水

多年前，《自由時報》榮譽董事長吳阿明先生在無意中切片化驗後發現罹患了第三期半的扁桃腺癌，當時須經數十次放射線電療，同時配合服藥方式化療。在治療期間因整個口腔腐爛，每天24時必須口含冰塊減低不適感。在忍受2個多月的痛苦治療期後，卻發現唾液腺被破壞，唾液量測試出的結果顯現數值是「零」，不僅口乾難受，也影響說話及用餐，經由電、化療導致唾液消失的症狀，多數西醫都說可能要終身忍受。即使經過針灸或中醫的漢方治療，也都沒有功效。

吳阿明董事長經人告知後，便去請教擁有中醫師執照及西醫醫學博士學位的阿娘。她在瞭解吳阿明董事長的癌症治療經過及沒有唾液的症狀後，就用其雙手手指在他的左右耳後用力推壓數次，然後告訴他被塞住的唾液腺已經打通，要他到洗手間，用水將口中的臭味唾液洗掉。

自由時報榮譽董事長吳阿明先生同樣以90幾歲高齡在莊淑旂博士退休記者會上向她致意。

之後，吳阿明董事長便慢慢感覺到口中有唾液分泌，且與日俱增，日後再到醫院測試唾液量，結果證實唾液分泌的功能已漸漸恢復。沒有打針、沒有吃藥、沒有使用任何醫療器材，竟然只用手指就將多人認為絕望的唾液重生，他說阿娘的雙手魔力，只能以「神手」來形容。此外，她還改善了他的生活習慣，包括走路、運動、飲食營養等，也給予許多指導。她對病人的關愛仁心讓吳阿明董事長非常感佩，吳阿明董事長常告訴我阿娘是他終身感念的恩人。至今，吳阿明董事長以90幾歲高齡仍然健康挑戰每一天，他旺盛的生命力令人欽佩。

(8)眼眶腫瘤患者張瑛宏勤做防癌操救回生命

眼眶腫瘤患者張瑛宏先生年輕時，長期白天工作晚上讀夜校，經常熬夜沒睡，20幾歲就站著會發抖，長期健康欠佳，10年前在換眼鏡時發現眼球突出，於是到醫院檢查，查出罹患全台第一例原發性眼眶腫瘤，經過開刀又查出眼球後方長出了惡性淋巴瘤，趕緊安排切除手術，之後還要接受鈷60照射，希望完全撲殺癌細胞。就在這個當頭，張先生認識了阿娘，本來張先生只是抱著來求藥的心情找上門的，沒想到她什麼建議都沒有給他，只是聆聽張先生敘述病史和平常的生活習慣，她得知張先生的工作和熬夜的不良習慣造成他長期的疲累，導致身體的抵抗力不好，讓癌細胞上身，阿娘告訴他「今天的疲勞，今天消除。」唯有勤練防癌宇宙操，每天幾分鐘，在輕鬆的伸展運動之間，才能疏通全身血脈脹氣，提升免疫力、減少感冒或過敏、消除疲勞，身體自然健康。

莊淑旂博士研發的防癌宇宙操救了無數人的生命，簡單的伸展操每天勤做，就能累積你我的健康財富。

張先生從此每天勤做防癌宇宙操，也因此從罹癌生死邊緣活回來。剛開始學做防癌操的時候，照鈷60仍使他左眼瞎掉，持續練宇宙操4年後，他的母親開刀切除白內障，他同時動手術，結果眼睛視力回到1.2，驚喜中更努力持續練宇宙操，近來頭髮從無到有，因為阿娘告訴他：「簡單的事，重複做。」他就是這樣持續不懈每天都做，搭配調整正常作息，一面實踐正確的生活方式，一面練習阿娘研發的防癌操，經過一段時間的調整，他越發的感覺神清氣爽，當他再回到醫院接受鈷60的照射治療，連後遺症都變得比其他病患輕微了，神奇的效果讓他更加珍惜身體的健康。

現在，張先生每天上午輪流到台北市幾個公園教志同道合的市民做防癌操，大家從他健朗的身體，充沛的活力，見證了防癌操的效果，他也很努力去推廣防癌操，以報答阿娘救命之恩。有趣的是，他最近新長的頭髮，居然是黑的，而且臉色紅光滿面，一點兒也不像是得過癌症的人！

(9)阿娘用蓮藕調理松下幸之助的喉嚨萎縮

阿娘往來於台日之間，主要的工作除了處理基金會的事，就是幫助病患解緩病痛、幫雜誌社撰寫健康專欄，這些事都是阿娘救世濟人的範圍內。在日本有一家叫「PHP」（PopularHealthPeace）出版社、雜誌社，創辦人是知名企業家松下幸之助先生，他出身貧窮，白手起家而致富，日本人奉為「經營之神」。PHP除了出版松下幸之助先生的傳記，也出版其他選題的書籍，當時有意出版健康方面的書，因此通過社長松岡紀雄先生找到她出書，不過她並沒有馬上答應。直到有一天，她在電視上看到松下幸之助講話不是很方便，知道他是喉嚨萎縮。幾天過後，松岡社長來找她，她就委請松岡社長轉達一個調理的好辦法給松下幸之助先生：

1、以帶皮的蓮藕榨汁，約150c.c.；

2、然後加上一個蛋白，打均匀後放在冰箱裡；

3、晚上睡前，先將嘴巴、喉嚨清洗乾淨；

4、隔天一起床，將蓮藕蛋白汁從冰箱取出，攪拌後，先喝一口潤喉，使之微溫，再喝下去。

這個蓮藕蛋白汁可以幫助松下幸之助先生恢復萎縮的聲帶，說話順暢。沒多久，松下幸之助先生親自打電話給阿娘道謝。她告訴松下幸之助先生，必須先休息3天不說話，因為白血球正在幫忙，但因為那還是一小部分，目前處於正在交涉其他白血球一起來協助的同時，所以最好不要出聲音，但是松下幸之助先生太興奮了，他不停的打電話告訴親朋好友這個好辦法，當然他的聲帶就好不起來了。

日本經營之神松下幸之助先生

曾經有一個日本人，他執著吃她指導的蓮藕治療喉嚨炎的毛病，他自己在千葉縣種了很多蓮藕，也在他的健康村舉辦宴會，邀請國際人士來共襄盛舉，並做國際美食比賽，結果阿娘的潤餅捲（春捲）好吃又有趣，可自由包內餡，獲得第一名，其他日本的壽司、美國的三明治也獲好評，可見得宴會辦得很成功！

阿娘說，蓮藕還有一個很棒的功能，把它加干貝煮食，對神經系統不正常的人非常有幫助。蓮藕切下去會牽絲，一下子很容易轉黑色，表示它含有大量的鐵質，可以溝通神經，減緩過多的緊張，可以調理神經，也可以安定神經，提高我們的自律性，如果時常失眠的人可以多吃蓮藕。

因為松下幸之助先生沒有辦法出聲，如果他和阿娘碰面都是由他的祕書代為發言，有一次他來看她，希望她可以為PHP開闢一個健康的專欄，她見他的誠意十足而感動，所以答應了。專欄的名稱叫做「健康的風車」，阿娘以風車表現宇宙的型態標記，地球就是一個大風車。這個風車標誌的設計，是阿娘的朋友台灣著名雕刻家楊英風先生給她的點子，取自於古代中國陰陽五行的思想，主軸是紅、藍兩色，表示陰和陽，人類生活在陰（地、月、夜）和陽（天、太陽、日）之調和和不調和之間，至於其他4枚紫色的葉片與中央藍色的蕊，則表示出陰陽五行：

木（暖）春東肝臟

火（熱）夏南心臟

土（重）中央脾臟

金（硬）秋西肺臟

水（冷）冬北腎臟

有一天，楊英風先生和阿娘一起到美國洛杉磯的萬佛城，途中談到風車的觀念，他到了機場當下就買了剪刀、紙張，幫她的專欄剪了風車，風車必須要有4個葉片，表示東西南北四個方向和春夏秋冬各個季節，按照不同的方向和不同的節氣來調理身體，身心的健康只有靠體內器官互相協助才能平衡，所以個人有限之力如何和無限的自然之力結合，是一件非常重要的大事。她最喜歡閱讀的中國醫書張仲景撰寫的《傷寒論》就有提到要接觸天剛亮的太陽，這是最自然的健康法。

阿娘前前後後幫PHP寫了4本健康書籍，都非常暢銷，當時在日本各地的地下鐵小鋪都有銷售：

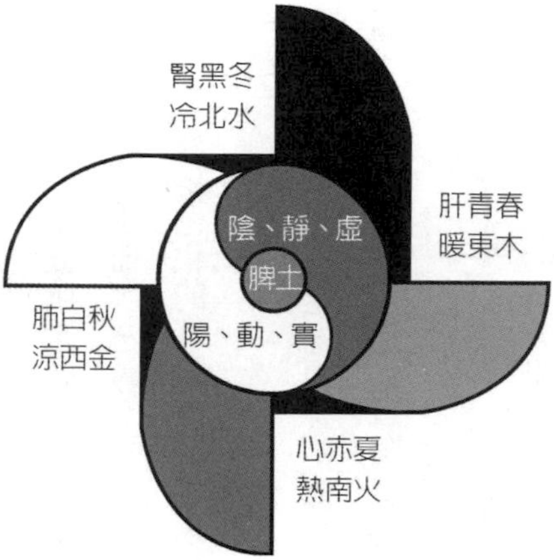

台灣知名雕刻家楊英風先生設計的風車標誌，後來經過修改顏色後，成為今天莊淑旂基金會的象徵。

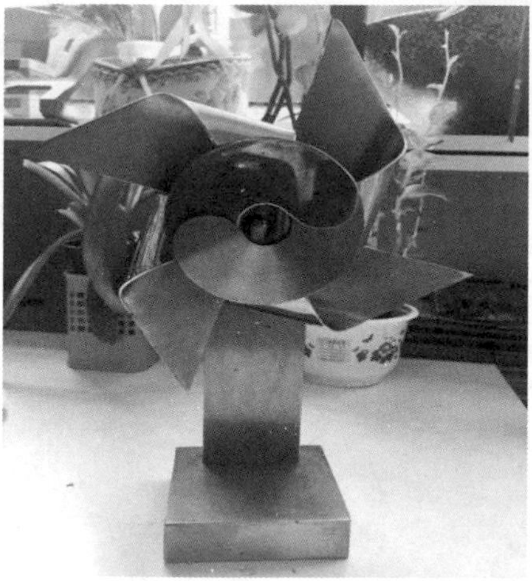

雕刻家楊英風先生另製以鋼鐵為材質的風車雕像，贈送給莊淑旂博士。

1、《月經不順的治療》（《生理病、生理不順は必ず治る》）

2、《月子是健康美麗的指南》（《お産で美しく健康になる本》）

3、《防癌手冊》（《がんを防ぐ本》）

4、《屁是老化的警報機》（《おならは老化の警報機》）

阿娘撰寫《屁是老化的警報機》（おならは老化の警報機）的動機，是她19歲產下我大姊安繡3個月的時候，因為盲腸炎動手術，一直到放屁後才能喝水，她始終無法忘懷放屁後

莊淑旂博士的著作《薏米保健法體型、體質、症狀》，1977年出版。

莊淑旂博士與日本PHP出版社合作的健康暢銷書《屁是老化的警報機》，1984年出版。

莊淑旂博士的著作《不同體質、不同症狀的飲食法》，2000年，主婦の友社出版。

莊淑旂博士的著作《中國行醫健康法》，1987年出版。

淑旂博士的著作《女人的三春：更年期健康法》，2009年出版。

莊淑旂博士的著作《保持青春的生活和飲食習慣》，1987年，主婦の友社出版。

喝下第一口水甘甜的味道，那時候她對「氣」就有一些體悟，她認為氣要順暢，就可以新陳代謝，身體自然不會有病痛，倘若沒辦法新陳代謝，就會引起痠、痛、痲。因此，她始終推廣一個健康觀念，氣一通就不會疲勞，不累積疲勞，自然不會加速老化，因此屁是老化的警報機。這本書深獲好評，每一次再版就印了2萬冊，在我的印象中共計再版了200多次。最難能可貴的是，這本書的收益，阿娘通通捐給了基金會，因為研究費很龐大，日本厚生省1年只有補助50萬日幣，文部省補助10萬日幣，光是要支撐基金會的2位教授、3位助理教授、5位講師，再加上研究生、臨時工、動物的購買費和飼料費等等，都是一筆可觀的費用。阿娘在沒錢的情況下，端靠她擔任醫療諮詢費用來充當研究金。還有出版《月經不順的治療》（《生理病、生理不順は必ず治る》）這本書有個小插曲，那時日本的編輯長每逢月經來都會痛到想撞牆，她特別指導她一些方法，這些方法都有寫入這一本書內。

（10）乳癌患者阪本泰子與癌共存數十年

阿娘除了忙基金會、醫療諮詢、寫書外，在電視媒體上的現身說法也是提倡防癌觀念的一種作法。日本NHK教育電視台曾經製作一個節目，邀請12位罹癌且已存活40年以上的病患接受訪問，這個節目的負責人是川竹文夫先生，其中一位病患阪本泰子告訴節目工作人員，她是愛知縣人，右乳得癌，入院動手術後，沒想到癌細胞移轉到左乳，當時醫生建議再切除左乳，她和先生幾番討論，先生表示沒有錢了，而且女性如果失去雙乳就不像女人了，所以拿出離婚協議書要她簽字蓋章，她一氣之下就離了。此外，她原來沒有小孩，抱養了朋友的小孩，朋友得知她罹癌後，也把小孩抱走了。她遭受如此雙重的打擊，一時之間感覺人生沒有意義，第二天她在《朝日新聞》看到阿娘專心研究治癌、防癌的報導，認為這是老天爺的旨意，她沒有辦理離院手續，就直衝到東京朝日新聞社詢問阿娘的地址。

當阪本泰子找上阿娘後，說什麼都不肯再回去了。她讓阪本泰子先不要著涼，避免感冒，加重病情，她一向很注重病患的心情和家庭生活，所以為了不讓阪本泰子過度傷心，就教她做事，轉移她的注意力。在飲食方面，建議她吃蓮藕或柑橘皮、陳皮加甘草，目的是讓她不要脹氣。阿娘為了取得柑橘皮，和家裡附近的一位賣柑橘汁的人商議，先讓她洗乾淨表皮，把柑橘放入加鹽的容器裡浸泡約10分鐘，然後洗乾淨，柑橘皮取來後切絲、再曬乾，即可熬湯喝。經過幾個月後，阪本泰子的病情好轉。一日，她告訴阿娘她想出去工作賺錢報答阿娘，但是沒想到這一去她都沒有回來，但是她從此在身上放了一張阿娘的照片，直到電視節目工作人員找上她，她拿出已經破爛不勘的照片給工作人員看，才揭開這一段感人的治病過程。

原來，阪本泰子離開阿娘後，四處找工作，最後她選擇傳教——在「家光」（一種宗教）

擔任傳教士，因為收入微薄，無法報答她，所以不敢見她。直到電視節目工作人員知道這一段醫病過程，在一天晚上打電話給她，但她不在家，由祕書代接，他們提醒她看當晚第三台的電視訪問，她打開電視，看到了阪本泰子的模樣，而且遵循阿娘教她爬樹、念佛的方式過日子，深為欣慰。後來電視台的工作人員做了調查，在12位病患訪問中，以阪本泰子的病例最為感人，她受到阿娘的感召，放下心中的怨念，打開了心，放下了恨，幫助她減輕病情。後來，這個節目被NHK電視台轉做一本書，以節目負責人川竹文夫先生為作者，書名叫做《幸福是癌給我的——12位癌病患的採訪紀錄》（《幸せはガンがくれた—心が治した12人の記録》），深獲日本讀者的喜愛。

從此，NHK電視台經常邀請阿娘到節目中鼓勵癌症病患，她在節目中以自己為例，因為父親和先生罹癌，身為他們的家屬卻無法減輕他們的病痛，所以立志要研究拯救得癌病患的方法，如今她已得出新方法，終於可以減緩癌病患的痛苦了，希望得癌者不要恐懼，要勇敢站出來，也呼籲癌症病患的家屬要互相勉勵，因為節目不斷的播放，引起大眾許多的反應，紛紛打電話分享他們的經驗和痛苦。她就是這樣，像位活菩薩，不計較收入，一心想把她的研究普渡眾生，也因此榮獲日本善行會的表揚。

川竹文夫先生的著作《幸福是癌給我的——12位癌病患的採訪紀錄》，1995年出版。

善行會的會長是東龍太郎，他本身是一位醫生，十分關心癌症的研究，後來轉入政治界，擔任東京都知事。他以社團法人日本善行會對醫學界，尤其是民間治療對癌症的作用，對世界各國人士住在日本，對日本社會做出善行有貢獻者給予表揚。1980年，阿娘以台灣人的身分接受善行會「成人善行表彰式」的表揚，她也是台灣第一位接受該會的表揚，實屬台灣之光。

在這裡要說個小插曲，1981年羅馬教宗若望保祿二世遭受槍擊，後經緊急手術治療，但因為手術麻醉過久導致昏迷不醒，後來日本駐羅馬大使工藤紀夫主動向教廷推薦阿娘，到羅馬替若望保祿二世進行補氣治療。以她調製的紅棗茶（又稱神奇茶、養肝茶）進行療養，使若望保祿二世慢慢恢復健康，她也因此獲得羅馬教廷勳章，其實道理很簡單，她說因為教宗打麻醉藥太多，導致肝臟全是麻醉藥，無法甦醒，而紅棗茶可以幫肝臟排毒，所以幫助教宗醒過來。

紅棗茶的做法和吃法如下：

〔做法〕：

1、紅棗7顆，每顆各以刀劃出七條縱紋。

2、放在容器中，將熱開水或坐月子水（米酒煮成水）沖下，加蓋泡八小時（夏天應放入冰箱保存）。

3、用蒸器蒸之。

4、等沸騰後再用文火蒸1小時。

5、將紅棗挑起，只取湯飲用。

〔吃法〕：

一日量為280c.c.，可分數次，當茶喝（產婦適合喝溫熱的）。

圖中是莊淑旂博士和阪本泰子（右）重逢後合影留念，阪本泰子手中拿的照片是她向莊博士要的一張照片，始終保存得完整無缺。

莊淑旂博士研發的坐月子水（米酒煮成水）。

十、返台成立基金會，啟動養生保健事業

阿娘第一次返台

1962年，阿娘到奧地利維也納發表論文後，回程過境香港，返回故鄉台灣，這是她到日本深造後第一次返鄉探親。在她赴日求學期間，台灣發生了一些變化，廣和堂中藥鋪雖然有委託一位紀老師代為看病，但是他沒有患者緣，生意一落千丈；至於「竟成放射線院」，依舊經營，不過因為阿嬤把錢借給別人和跟會，遭到倒債、倒會，迫於現實生活，只好賣掉「竟成放射線院」，另外在長安東路買了一小間的房子安頓，阿娘得知這樣的情況非常難過，至於放射院的機器就變賣給李新興友人，後來他和甘州街的徐外科合作了。

阿娘抵達台灣，並不清楚阿嬤購買長安東路的家怎麼走，剛好遇見一位友人張軍光，他知道在哪裡，所以他就自告奮勇帶她回家。她到了新家，隔壁是一家車行，司機正在飆髒話罵人，前廳又租給他人，新家則是在屋後的樓上。當她爬上樓，一位高中生模樣的女孩看著她，開口問：「歐巴桑，您是不是要找我阿嬤？」這位高中生就是我的妹妹莊靜芬。阿嬤正在縫被單，聽到聲音，抬頭一看，數落靜芬說：「三八仔，她是妳媽媽啦！」靜芬還嘴硬回

著：「不對，不對，我媽媽比我卡大漢（比我高），這個歐巴桑卻比我矮。」阿娘離家時，靜芬還是個小孩子，所以在印象中她一直是認為阿娘比她高。

這一次返鄉探親，阿娘也去探望她的漢文老師曹秋圃先生，他看見她的名片上印著博士的頭銜，十分高興。曹老師曾經幫她的書寫序，做了一首〈贈莊淑旂女學弟醫學博士〉詩作，這首詩是這樣寫的：

壽民壽世壽名歸，家學淵博特發揮；
三百年來奇女子，扶桑癌症樹權威。

阿娘第二次返台搶救蔣夢麟博士

阿娘第二次返鄉則是在1964年。有一天，駐日大使館人員到她的學校（慶應大學），請她回台灣幫農復會主委蔣夢麟博士看病，因為突發狀況，她沒帶什麼衣物就隨著外交人員回台。蔣夢麟博士得了肝癌，住在石牌的榮民總醫院，當時病況相當嚴重，她見到他時已經連續三天三夜持續打嗝了，眼睛還發直，榮總醫生用盡各種方式，也打了麻醉針都無法阻止打嗝。蔣夢麟博士從 1948 年擔任中國農村復興聯合委員會委員，1958 年又兼任石門水庫建設委員會主任委員，眼看石門水庫再過幾天就要落成了，大家都認為蔣夢麟博士恐怕不能參加落成典禮。因為她倉促返台，手上沒有治療器材，因此希望打電話回家尋求其他支援，在他們許可下，她請家人買許多大的老薑母、烤麵包機、薏仁油和一把刀。家人送來這些東西後，她先將老薑剖半、切塊、畫井字紋路，接著置入烤麵包機中烘熱，與此同時她先在蔣夢麟博士的耳後唾液腺處塗抹薏仁油、貼上老薑片。之所以會把老薑片貼在他唾液腺的原因是讓他的唾液腺可以正常分泌，腸子才會蠕動，腸子一動就會放屁，放屁就表示氣暢通，也就不會再打嗝了。

此外，阿娘又找了6、7位包括外國醫生和榮總醫生一起協助搓揉蔣夢麟的手腳。因為他已經瘦如乾材，她特別叮嚀大家小心搓揉，不要搓破了皮。然後，再用熱毛巾浸泡在酒和

蔣夢麟博士曾職掌北京大學，右圖是他的文墨。

薑汁裡，再扭乾，將他原來冰冷的手腳包起來。如此經過大約3個小時後，蔣夢麟博士叫了一聲：「好舒服！」吐出了一口好長的氣，肚子咕嚕咕嚕地叫了起來、放了一些屁，就不再打嗝了。因為他被折騰了3天，舒服了就安然地睡覺了。

阿娘為了增強蔣夢麟博士的體力，趁他睡覺時，煮了一鍋薄粥，做法是將白米洗乾淨，放入鍋內炒香，再加7杯水燉煮，外鍋的水煮滾後，用文火燉1個小時就大功告成。她用小湯匙一滴一滴餵蔣夢麟博士，讓他一方面休息，一方面補充營養。他睡得相當沉，還打鼾，期間蔣中正總統和夫人來探望過他，他都沒醒過來。半天過後，終於睡醒了，嚷著肚子餓，她就盛了一碗薄粥餵他，沒想到他太餓了，等不及就用手來搶碗，想要一口氣全喝下去，她告訴他，幾天沒吃東西的人最好一次不要吃太多，需要慢慢來。於是，從薄粥再到稀飯，最後竟能吃下一大碗的牛肉麵呢！

幾天後，石門水庫落成典禮那一天，蔣夢麟博士邀請阿娘參加，並坐在他事先安排好的貴賓席上觀禮，但是她沒有前往。蔣博士在病床上看著電視報導典禮的情況，非常欣慰，後來他的病況逐漸好轉，阿娘也準備回日本，不過蔣夢麟博士不肯讓阿娘離開，後來還給阿娘日本來回機票，要她2、3個星期後再返台看他。

阿娘當選台北市中山區模範母親

1980年，阿娘還在日本，有一天突然接到台灣駐日大使館人員的通知，要她趕緊返台，她不知是何故，所以打電話回台問仔細，才知道是自己當選了台北市中山區的模範母親，原因不明。除了她在醫學上的貢獻、在喪父、喪夫後供養阿嬤、撫育孩子外，或許和1979年8月1日在日本東京被選為國際母親大會的特別委員有關吧！當時，她堅持大會要懸掛中華民國的國旗，自己要身配中華民國國旗出席，以爭取國家的榮譽。

阿娘返台後，中山區區長贈送一塊匾額向她道賀，還告訴她說需要遊街接受市民的歡呼。車子是由台灣知名政治家楊肇嘉先生提供，在此要說個小插曲，那就是以前楊先生的腳常有水氣，

1980年，莊淑旂博士當選台北市中山區模範母親，圖為莊博士搭乘名紳楊肇嘉先生提供的座車抵達表揚大會。

水氣和腳氣截然不同，診斷的方法是如果用手按著小腿，肌肉會下陷，手拿開後馬上恢復原狀者是「水氣」，如果久久不恢復原狀者就是「腳氣」，阿娘教他吃黃耆，以體重1公斤則用1公斤的黃耆加10c.c.水的比例，煮1小時，取出汁液，再以體重1公斤、水5c.c.的份量，再煮一次，取出的汁液，和前者混合飲用。結果，楊先生的水氣迎刃而解了，日後楊先生時常和她書信往來、通電話，所以這一次楊先生得知她返台接受模範母親的表揚要遊街時，他義不容辭將他的私人座車借給她乘坐。從此以後，阿娘逐漸的把發展的重心轉移回台灣了。

返台創立青峰基金會

1982年，原來台北縣縣長邵恩新先生被任命為台北市市長，但沒多久他得了感冒，引起心律不整，只得連續請病假2個月，但病情未見好轉。當阿娘去探望他時，發現他是積勞成疾，身體虛弱沒有力氣，加上掛心公事，所以病況沒有改善，她建議他多休息，需要把腦筋保持清靜，儘量不想雜務，少言少會客，甚至不要接聽電話，讓身心平靜是最好的藥石，另外也指導他做消除神經緊張的簡單運動，那就是赤腳用腳心踩著草地，並且用腳跟交互輕踩腳趾接縫處，來溫暖腳趾頭，或者用手抓樹根做運動或做她發明的防癌宇宙操，或者用雙拳相扣，以拳頭擊掌心來促進血液循環。後來，她又勸他辭掉台北市市長的職位，不要大材小用，專心養病才好。果然，邵先生向行政院請辭，到景美別墅安心養病。

1988年8月28日，阿娘創辦了「財團法人台北市青峰（峯）社會福利事業基金會」，創辦宗旨是為了照顧老人，希望幫助老人獲得妥善的照顧，安享天年並重拾健康第二春，也因此啟動了莊家養生保健事業，到了我第二代，我和妹妹靜芬、弟弟陳再生後代接棒，努力推廣阿娘的的養生保健事業。青峰基金會的重點工作有5項：

1、展開高齡社會調查與研究工作
2、推廣高齡者生活保健教育
3、重建高齡者舊有技能
4、實施定期健診
5、推廣居家護理工作

阿娘為了達到以上目標，希望籌備養護學苑，以訓練有意者照顧高齡者的護理技術和知識。此刻想起來，她真是高瞻遠矚，台灣現在已是老年化社會，很多準備措施沒有配套進行，但是在20幾年前她都想到了，身為晚輩的我們竟然沒有做好，應該要好好檢討才是。

之所以把基金會取名為「青峰（峯）」，有它的特別意義，即指老人重拾青春的意思，希望老人有能力照顧自己，讓孩子也能放心為國家，社會服務，使社會運作得更順暢。因此這個「峰（峯）」字，取的是山在左邊或上邊，象徵至高無上、更上一層樓的意思。青峰基金會創立後，至今已舉辦過600多次的演講或展覽會了，每個月第4個星期二都教導防癌宇宙操，有很多活動是政府機關，如教育機關或各行各業前來拜託舉辦的。而且，青峰基金會本來創辦的目的就是為老人服務，活動的重點是在重陽節舉辦一系列健康指導的演講，為期一星期，每天針對不同症狀做指導，例如我的么弟陳再生醫師負責內科、呼吸科；妹夫郭純育醫師、妹妹莊靜芬醫師負責內科、兒科；另外也邀請日本的學者專家來台，而她在日本的病患也來參與盛會，最成功的演講場次是省教育廳、SOGO百貨、高雄統一百貨、高雄市政府、台北市政府等講座。

當時基金會的組織有，專職人員3人、義工約30人，採取輪值制，義工負責接聽電話、回信等工作，而義工的來源主要是接受基金會指導且改善其健康情況的人，條件是他們願意將受訓的健康觀念和做法教導別人。1990年，生命線創辦人曹仲值先生推薦阿娘為好人好事代表，推薦的原因是以前他找阿娘為慈濟功德會的證嚴法師看病，一大清早曹先生載阿娘去花蓮，那時候證嚴法師的身體欠安，注射點滴和輸血都沒有辦法吸收，說話也沒有力氣，阿娘瞭解她的病情後，知道她是因為工作太忙導致；又加上有一次一位朋友誤會證嚴法師因為高高在上故不願接見她，因而口出不遜，對證嚴法師說了不好聽的話，讓證嚴法師感到不安，在這樣身心交疲的情況下，影響了健康。首先，阿娘從醫心入手，教導證嚴法師身邊的人該如何應對，例如有人想見法師，可以轉達法師出門尚未回來但何時會在，到時候會再連絡，如此回應就不會引起誤會；第二，指導證嚴法師如何調整生活，例如使用盆浴取代淋浴，才能完全消除疲勞；第三，指導證嚴法師在飲食方面的注意事項，尤其飯前休息，請她身邊的人先協助擋掉飯前的應酬事務，使她能消除疲勞後再進食，阿娘前後去花蓮約有2、3次，後來還不太放心，時常打電話關心證嚴法師的情況，一直到她的健康恢復原狀為止。

2005年9月13日，青峰基金會更名為「財團法人台北市莊淑旂社會福利事業基金會」，董事長由阿娘、么弟陳再生和我相繼接任。至今，基金會仍在慘淡經營，想想以前阿娘創辦之時，所有經費全是她一人之力，無論演講、醫療諮詢、辦活動、寫書等等收入，她全部挹注在基金會裡面，待么弟陳再生接任，也是靠他擔任醫生的收入支撐，當我繼任時，起初端靠我一人之力推動會務，後來我年事已高，感謝我的長女章惠如，及二女兒章美如，兩位雙胞胎女兒出資出力協助基金會推動業務，這一路走來我們都是遵循她的願望，儘量幫助社會大眾全民和老人保持健康的生活。

1990 年，莊淑旂博士當選好人好事代表，返回內雙溪祖厝廣和堂祭祖。

十一、1989年，阿娘出書紀念阿嬤

阿嬤是位有福氣的人

我的阿嬤莊劉烏肉女士，有幸在阿公當中醫師的時候，被尊稱為「先生娘」，因為她是中醫師的妻子。到了阿娘成為中醫師的時候，大家又給阿嬤的稱呼進了一級，稱呼她為「先生嬤」，到了我的妹妹靜芬、妹夫郭純育、弟弟再生當上西醫後，阿嬤又晉身被稱為「先生祖」。想來，一名舊社會的女子能在有生之年，從先生娘、先生嬤到先生祖晉升三級，可見她多麼有福氣，所以阿娘說阿嬤是我們莊家的「鑽石嬤」！

記得有人問阿嬤說：「妳奈也（怎麼）這福氣，做到先生祖，是按怎做出來的？」她笑嘻嘻地回應說：「我，阿花阿花的，奈會知影（知道）厝裡有三代醫師，壞竹也出好筍！」而在我的記憶裡，阿嬤總是臉上掛著一張笑臉，她喜歡讓人快樂，因為我是孩子裡嘴巴最甜的，也最喜歡往她懷裡鑽來鑽去，所以她很疼愛我，只要我喊「阿嬤！」她一定跑來抱我親我。

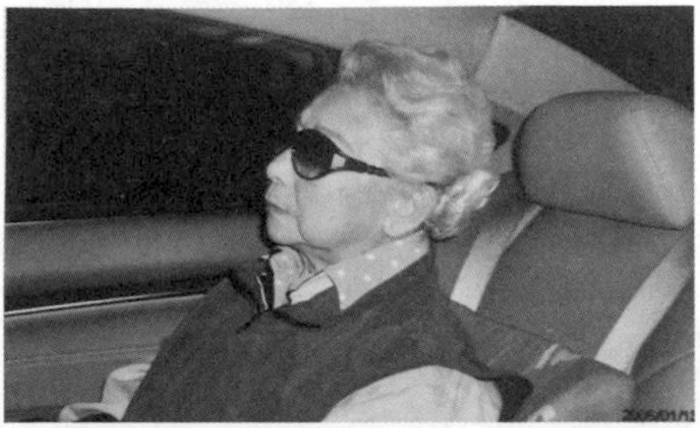

莊淑旂博士戴著墨鏡坐在車內前往演講場地，這是很難得的畫面。

阿嬤是一位古典的女性，非常有自己的想法、看法和做法。在飲食方面，她因為在生下阿娘之前，和阿公去拜北港媽祖，許下了願望，只要生產順利平安就吃齋答謝。後來，她每天早餐只吃醬菜、冬瓜、豆乳、蔭豆、蘿蔔乾、油條等。阿公在世時，時常提煉龜鹿二仙膠給她吃，但是她只是勉強吃下一兩口，這樣當然會營養不足。阿娘經常哄騙她吃一些東西，前一晚先把吐司浸泡牛奶、蛋汁、牛油，隔天早上一起床就煎好給阿嬤吃下去，當然阿嬤不知道吐司加蛋是葷的，還堅持告訴別人她吃素。後來，阿娘帶她去歐洲旅遊，她還比阿娘能適應，胖了2公斤呢！

阿嬤充滿喜樂平安離開我們

阿娘常說女人一生中有三個春天，第一春是初潮，第二春是大肚子生子，俗語說：「查某人（女人）大到大肚，查甫人（男人）大到二五。」，第三春是更年期。阿嬤的身體一直到更年期以後才好轉的。阿嬤過世那一天，剛好是她娘家親戚來了30幾個人，她雖然已是92

歲（1986年）高壽了，還親自做料理！炒米粉、撿番薯葉，及用自己的尿撒種的硬菜，做得很有勁！而且，還把阿娘在前兩天（新曆年）到日本皇室時送她、她又轉送給阿嬤的皮包拿出來獻寶，皮包裡有各種寶石、鑽石、寶玉等等，她一一分送給親友，喜悅分享。

當親友離開時。她還出門護送到路口轉角處向她們說：「我以後要回台灣定居，要常來玩喔！」她返家後，先睡了一下，再去洗澡。當時，我的么弟再生和他的兒子在另一個房間遊戲，只聽到阿嬤在浴室裡笑著說：「這一隻手穿衣服穿得進去，怎麼另一隻手穿不上？」然後就沒有聲音了。我的弟媳婦提醒弟弟再生去瞧瞧怎麼一回事？當再生去敲浴室的門，卻怎麼也打不開，只好從窗戶爬進去，只見阿嬤倒在地上。大家幫她扶在床上，由阿娘先幫她做一些救護的動作，救護車一到馬上送上車，但是已經回天乏術了，原來阿嬤是腦血管破裂，血液流到小腦中心而亡的。那時候，她已經洗好澡，身體乾乾淨淨的，她最後一句話是笑著說的，就這樣走的非常瀟灑自在！

莊淑旂博士曾經榮獲日本第六屆日本文藝學會獎，圖中為她公開接受表揚的情形，足見她的日文表達能力很不錯。

阿娘把對阿嬤的思念全寫在書上紀念她

阿嬤過世1年後，阿娘把她對阿嬤的思念全部寫在書上，書名叫做《阿娘》，副標是〈介紹高齡者過身心快樂的生活〉，以青峰基金會的名義出版。這一本書裡不僅充滿阿娘對阿嬤濃郁的懷念，還把她對阿嬤的照護細節交代的非常清楚，等同是一本照護高齡者健康的指導手冊，既感人溫馨又受惠實用，引起很多讀者爭相搶購。在我的印象中不知再版幾次了，每一版都是1或2萬冊起跳，而且定價新台幣300元，以當時的物價來說，書價並不便宜，但是阿娘希望把收入當作基金會的資金，所以購買此書的讀者也順便做了善事。

阿娘邀請了日本友人大分縣知事平松守彥寫了一篇序，她自己也寫了一篇自序——美意延年，她提到：

阿娘教我：衣服破了，沒有關係，但一定要保持整齊清潔。

阿娘教我：行事要迅速、確實、不要猶豫，要能掌握輕重緩急，將時間做有效運用，因為機會是稍縱即逝的。

阿娘教我：與人相約，寧可早來，不能遲到；一旦有了承諾，就一定守信用，不可空口說白話，說到做到；對人失禮，一生之中只能一次，不能發生第二次。

出版這一本《阿娘》，是阿娘在阿嬤過世後一直心繫的大事，當她完成書本的撰寫，除了懷念阿嬤的恩情，更希望藉著阿嬤過去曾經有的生活方式，引起高齡者的共鳴——防止細胞的老化也就是癌的預防，創造真正屬於自己的第二春，而高齡者的身心健康便是世界和平的基礎。全書共分四個部分：第一部分介紹高齡者過身心快樂的生活、第二部分阿娘的身影、第三部分懷念阿娘、第四部分思與念。

在第四部分裡，有阿娘的弟弟莊添慶、莊益善、弟媳婦莊寶玉、大姊安繡、我壽美、妹妹靜芬、妹婿郭純育、大弟莊國治、么弟陳再生各寫一篇文章懷念阿嬤，如今讀來，仍是不禁噓唏，特別是阿嬤這麼疼愛我，我無理要求她都滿足我，我真的好感激她、好想念她！阿嬤，我好愛您！您無條件的為我帶大4名可愛的子女，讓我毫無牽掛的在日本全心幫助阿娘打拼事業！

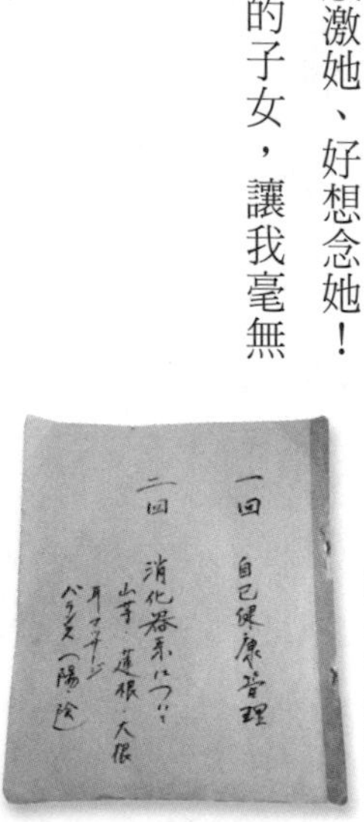

莊淑旂博士在日本研究期間留下的寶貴臨床紀錄，都是她用毛筆寫下來的。

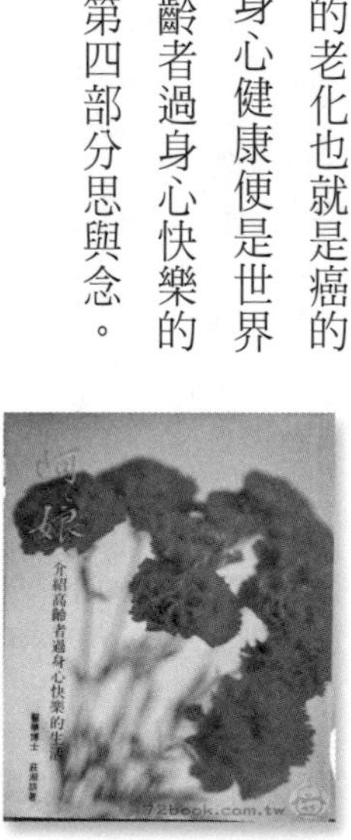

莊淑旂博士代表著作《阿娘》書影。

十二、阿嬤、阿娘都是高齡無疾離世

阿娘在安詳中離開我們

2015年2月4日下午2時左右，阿娘用完午餐後，在午覺中安詳平靜地走了，以96歲高齡無疾離世。過了4天，台灣各大新聞媒體爭相報導，身為兒女的我們，沒有悲傷，只有喜悅，因為這是阿娘最喜歡的離開方式——快樂、沒有牽掛，和阿嬤一樣都是以90歲以上的高齡無疾而終的。

當時《中央通訊社》2月8日的報導是這樣的：

（中央社記者龍珮寧台北8日電）享譽國際的防癌之母和台灣首位女中醫莊淑旂博士上周在家中安詳辭世，享壽96歲。她一生推動防癌養生，強調「今日疲勞、今日消除」，自創「防癌宇宙操」，俗稱「毛巾操」搭配專用運動巾，以做伸展運動，排腹中濁氣養生。

莊淑旂在1920年日治時期出生在永樂町（今迪化街）的廣和堂，父親是中醫師莊阿炎，1877年創辦廣和堂藥舖，莊淑旂從小在家庭的耳濡目染下，對中醫很有興趣，在傳統重男

輕女觀念下，女性身分常飽受歧視，莊淑旂只能在旁默默學習。

莊淑旂父親 1939 年因大腸癌病逝、1945 年先生因肺癌病逝後，1950 年參加中醫師考試及格，成為中華民國第一位女中醫師，廣和堂藥舖也同時重新開業，1955 年她到日本學習，1966 年獲得日本慶應義塾大學醫學博士。

1966 年莊淑旂為日本太子妃美智子調養身體，因而聞名國際。1981 年羅馬教宗若望保祿二世遭槍擊時，全球名醫束手無策時，莊淑旂的紅棗茶成為讓教宗醒來的救命茶，莊淑旂也因此獲頒羅馬教廷勳章。

父親及先生相繼因罹癌過世，莊淑旂在日本致力於防癌研究，莊淑旂認為癌症的發生與疾勞和飲食有關，因此強調自我健康管理的重要性並推廣，她常說「今天的疲勞，今天消除」。

莊淑旂也與已故台塑集團創辦人、台灣「經營之神」的王永慶有「師生情誼」，莊淑旂教導王永慶運用生活小物「毛巾」緩解過敏、脹氣等不適症狀。王永慶也因此長期推廣莊淑旂「防癌宇宙操」，或稱為「毛巾操」。

「防癌宇宙操」是莊淑旂自創的養生方法，她曾說，腸內廢氣若無法順利排出，則留在腸內會壓迫腸道附近的神經與血管，形成疾病，因此透過一條專用的長毛巾，搭配舒展、伸張運動，便可刺激體內並有助腹中濁氣排出。

《中華日報》2015年2月8日的報導如下：

記者莊玟玥／台北報導

台灣第一位女中醫師，被譽為「防癌教母」、「健康之神」的留日醫學博士莊淑旂於四日下午二點二十分左右，在用完午餐後，沒有痛苦安詳辭世，享壽96歲。莊淑旂博士於2009年宣布退休後就很少公開露面，所有公開場合及基金會事務大多由女兒莊壽美老師處理。

2009年，莊淑旂博士宣布退休。

1978年，莊淑旂博士（右）和她的母親莊劉烏肉女士（左）於日本東京明治神宮鳥居前。

中西醫學博士莊淑旂生於台灣，父親為中醫師，從小耳濡目染熟習傳統醫學，之後父親和丈夫相繼因癌症過世，促使她立志習醫，31歲那年考取台灣第一位女中醫師，並赴日本以「如何減輕癌症末期病患的痛苦」為題取得慶應大學醫學博士學位，曾經指導過台、日不少知名人士養生之道，當時日本太子妃美智子，就指定由莊淑旂調養身體。

莊淑旂博士以結合中西醫兩者之長的自然醫學健康法，全心投入防癌研究、當年治療無數患者，並長期在中日兩地推廣宣導防癌抗癌的健康觀念，其所自創推廣的「防癌宇宙操」、「懷孕養胎」及「產後坐月子調理料理外送」等，皆獨步醫界，對促進國民健康貢獻良多，並多次獲得政府表揚。

5年前，還在台北市府廣場前，成功號召千人一起做「宇宙操」，把健康運動觀念推廣給全民，莊淑旂博士一生致力於癌症研究，對社會有著諸多貢獻。

莊淑旂博士週三安祥辭世，享壽96歲，親友將在16日為她舉行法會祈福。

我把思念寫入《我的阿娘》裡

當阿嬤以92歲高齡過世後，阿娘將無限的懷念寫成《阿娘》，每當她想到過去她與阿嬤相處的點點滴滴，都會把《阿娘》這一本書一看再看，當時我的感覺是阿娘把這一本書當成她的另一本回憶錄。如今，阿娘過世一年了，每回入夜我總是久久無法成眠，我想念我的童年、我想念我在日本陪伴阿娘的16年生活，這些回憶縈繞在我的腦海裡。當我把思念之情寫成《我的阿娘》，一方面把阿娘的人生智慧和養生智慧寫下來，讓讀者認識阿娘的身體力行，一方面把莊家的養生健康事業如何傳承娓娓道來，相信可以讓大眾瞭解莊淑旂博士和她的後代是多麼孜孜矻矻耕耘健康事業。

於是，我重新爬梳所有的記憶和照片，要寫阿娘並不容易，從小我們就是愛她又怕她，因為她自律很深，這也是阿嬤教她的，於是她對待她的子女也是如此。在記憶中，阿嬤抱我們小孩的次數比她抱的次數多很多，因為她的人生經歷很多次挑戰，所以她常對我們說：「我就像一只破碗，碰不得，也抱不得，一碰一抱我就碎掉了！」也因此，我們兄弟姊妹五人從來不敢主動去擁抱她，因為我們疼惜她、敬愛她，她為了阿嬤、我們兒女不知吃了多少苦，但她都咬緊牙關吞進去了，她的堅忍不拔一直是我的模範，每當我遇到人生不如意的事，我都是想到她曾經的遭遇，而砥礪自己不要氣餒，因為她都用到她的智慧挺過來了，為什麼我不行？

在《我的阿娘》這一本書裡，有阿嬤、阿娘的人生，有我的成長，有家人的相處，有兒女的陪伴，我盡力寫到真感情，努力把正面和鼓勵的事蹟敘述給大家，我希望讀者看了這一本書，瞭解阿嬤、阿娘從傳統社會中這樣努力生存的女性事多麼值得您我學習和效法，她們不被命運擊倒，她們不向挫折認輸，這就是人生智慧的精髓，當她們把中國傳統醫學寶貴的

知識使用在生活裡時，又讓我們看到了用金錢也買不到的養生智慧，所以這一本書的副標我採用了〈第一位女中醫師的國寶級養生智慧〉，因為阿娘的人生就是一部健康精華的活字典！她是那麼痛苦的熬出來，但她卻完全無私的奉獻出去，她希望人們不要再像她一樣被痛苦折磨！她盼望大家健康、快樂！

2011年7月20日，中央研究院台灣史研究所因應「流轉年華─台灣女性檔案百年特展」，特舉辦「我的生活經驗分享」座談會，會中邀請莊淑旂博士（左二）、陳秋月、陳瑳瑳、劉秀華、呂洪淑女5位傑出女性，藉由和其對談，使在場所有參與的人員能和5位女性一同回憶這段美麗中交雜哀愁的人生。

莊淑旂博士80歲大壽時，子女合唱〈甜蜜的家庭〉祝壽，第二排由左到右分別是長女安繡、二女兒壽美、三女靜芬、長子國治、幼子再生。

母女篇

追隨阿娘的歲月

一、阿娘支持我勇敢追求愛

阿娘為我研發淡化斑點的面霜

在我6歲時，就沒有了爸爸，也許是出於對父愛的渴望，只要遇到長輩型的兄長父執輩，都會自然的升起一股親切好感。我小學讀台北市永樂國小，四年級來了一位帥哥老師，上學成了我每天最快樂的一件大事。一大早就催著阿巴桑起來煮飯，可以早點吃完趕快到學校去，讓老師有好印象，以討他的歡心，所以那時候我的功課很好，我是帥哥老師的大粉絲。不過，這種好日子並不長，隨著老師的結婚，我的心情低盪，連功課都無心念，成績一落千丈，害得阿嬤很擔心，以為我中邪，還把我的衣服帶去行天宮消災解厄呢！

我因為小時候臉上長了很多雀斑，總認為自己長得不好看，當有人說我，「滿臉都是雀斑，好像滿臉豆花」、「臉都洗不乾淨」，我就很自卑，頻頻抱怨阿娘把我生得這麼醜，而姊弟妹們每一個人的容貌都比我美，富有研究精神的阿娘，竟潛心研究出一種可以淡化斑點的面霜來，以我做試驗品，將我塗抹了一臉，誰知第二天，我的臉紅腫得像一個大關公，氣得我哇哇大哭，「我不要去上學了，這麼醜，誰敢去呀！」既然雀斑治不好，當時我有一個傻瓜想法，心想：「將來長大，嫁一個帥哥老公，就能生下俊美的孩子來。」所以「嫁一位帥哥」是我少女時期內心深處的一個美夢。

有夢就勇敢追尋

我是一個認定目標，就敢去追尋的人。阿娘在我年輕的時候就經常叨唸著我，認為我不像是個女孩子。她受日式教育，總認為女孩子要溫柔、含蓄、端莊，對於我任何事都敢去衝撞，敢去爭取應得的權利，敢講真話要求人家；說起話來又大聲不修飾，性格活潑開朗，笑起來不像那些有教養的淑女會用雙手遮住嘴臉，輕顰淺笑，而是開懷大笑，毫無遮掩。她非常受不了我的舉止，但某些時候在做人處事上又不得不接受我的作法。

由於天生的性格，我常做一些旁人不會去想、去做的事。我對自己的容貌非常沒有信心，總認為自己不好看，因此只要是我認定的帥哥，都會為了親近他、欣賞他，而很努力地表現優點，讓對方瞭解而注目我。以現在年輕人勇於追求的態度來看，我應該屬於真我的人，我只是想用自己的能力來證明，一個人除了外表的容貌外，還有更多內在更值得我們來學習的。用這種勇於追尋的方式，找到了真愛，我找到化腐朽為神奇的可行方法、找到了明知不可為，卻能有可為的力量；這股力量從小看到大，今天我能幸運擁有一點健康事業的成就，都來自這一股永不氣餒的傻勁。

在18歲的時候，正是豆蔻年華，我被學校選去指揮大會操表演，一位來自其他學校專教大會操的教練——章琦，來教我如何指揮大會操，濃濃的眉毛、筆挺的鼻梁、鮮明立體的輪廓、配上一副水汪汪勾人魂會說話的瞇瞇眼、高挺的個子……十足標準帥哥的教練，他是從中國大陸來台度假，又因時局變動而回不去的來台觀光客，有北方男人的瀟灑豪勁，和一顆善良、溫馴、體貼的心，我一見到他，就告訴自己，「他是我的夢中情人、白馬王子，一定要追上他！」

起初，章琦教練很委婉地拒絕我，我一點也不氣餒，今天拒絕，明天再來，每天騎著阿娘買給我的紅色自行車，跟在教練的老爺自行車後面，他不理我繼續往前騎，他的老爺自行車速度哪能抵得過我的小紅車，我一下子就追上他的車，並且還很過分的擋在他的車前方，不讓他走，「教練，別不理我嘛！你的女朋友不理你了，你又失戀了，為什麼不和我做朋友呢？」那時候，我剪了一個瀏海的妹妹頭，戴著一副大框眼鏡，很驢的樣子，「第一次說我喜歡你，對方聽不進去，從第一次說到第一百次，就是木頭也會被感動、心動的。」這就是我鍥而不捨嘗試，並勇於接受挑戰的真實例子。從18歲到22歲，我和先生共交往了4年，最後步入了禮堂。

原本的夢是「嫁個帥哥，可以生出一群俊美的小孩來」，但是，當看到剛出生的小貝比，皮膚皺皺的活像一個小老頭。當時的我沒什麼常識，不知道出生的小貝比原本就是醜醜的，還失望了好久，而一度拒絕看小貝比，現在想來都很好笑，不過我的4個孩子長大後都很優秀，又俊美，尤其老大老二兩個雙胞胎姊妹，帶領弟妹開創了坐月子王國及後來的養胎事業，很符合我所想「生得太醜，嫁個帥哥老公」改變基因的理想。這就是我的執著，只要是對的，就全力以赴。

聽到阿娘的呼喚

阿娘會選擇到日本進修是有原因的。早年因為阿公愛吃豬腿肉，她親自烹調入口即化的豬蹄膀肉，再配上好酒，阿公就一邊喝酒，一邊大口吃肉。當年她很孝順，只要能討阿公的歡心，她一定竭盡所能去達成他的心願，她根本無意識到這樣的吃法是腸癌的元兇。事後，她心痛他的罹患癌症，是因為她的愚孝，而自責不已，故下定決心要找到改善癌末病患痛苦的各種方法。那時候，台灣尚未設立治癌研究中心，正好在日本有治療胃癌方面的新資訊和一些獨到的成果出來，阿娘就暗自擬訂將來要到日本去深造的計畫。她對治療癌症的新知一向非常注意，有一次從報紙上得知日本吉田醫生用柏油塗抹在兔子耳朵上，造成皮膚不透氣，過不久就產生皮膚癌的一種人造癌細胞的實驗，她非常有興趣，就用兔子和老鼠來做實驗，以瞭解癌症如何治療才有效，如何結合中、西醫，而能相輔相成。

阿娘為了做實驗，不惜花錢找老師學習，她跟著一位「老鼠先生」做實驗，這是她的實驗室老師，因為長年待在實驗室做實驗，身體會發出一種臭味，我們都暗地稱他為「老鼠先生」；她做實驗太專注，在她經營的「竟成放射院」有一次差一點把醫院裡燒掉，這樣專注的實驗精神，很多人都對她刮目相看，而佩服不已。她是一位好學的人，她知道學然後知不足的道理，為了一圓自己幼年失學的遺憾，她時時都在計畫著，有一天她一定要出國進修，完成她進大學求取更高學位的理想。

原本阿娘希望在我們長大一點時，才出國求學，但是許多突發事件逼得她不得不帶著年僅16歲的姊姊，提早赴日。她事前都安排好去日本的生活計畫，例如就讀學校、住宿地方、經濟來源，但人心不古，原本以為沒有問題的生活費用，竟然發生被人誆騙而倒債，幾經催討而無門的窘境。阿嬤曾經在她臨行前，還擔心她出外萬一沒有帶足夠的金錢而流落他鄉，當時她還信心滿滿的拍胸脯表示，「錢不是問題，先寄放在日本朋友處，只要到了日本就可以拿到錢。」然而事與願違，到了日本不但對方拒絕還錢，還搬出一大堆理由推託，她這才知道事情的始末，連後悔都來不及，處心積慮的安排，頓時化為烏有，但是又不敢告訴阿嬤實情，真是苦不堪言。在歷經幾番折騰下，阿娘終於到東京慶應大學就學，而姊姊則留在神戶半工半讀，靠努力換取生活所需，那真是一段艱辛的歲月，多年後，在姊姊的言談中，都還是不堪回首的往事。

我們姊弟妹5人感情很好，年幼時，阿娘的睿智看見問題的癥結處，而能及早給我們很好的訓練和教育，我們才能有今天小小的成就，然而長大後各自分散，有留美的，有留日的，弟妹他們和姊夫、妹婿等都是學西醫出身的名醫，在觀念上和她的想法就有所不同。她曾經說，中、西醫在觀念上和治療上是有很大的差別，西醫是用解剖及動物實驗來作為醫治疾病的對策，此外，西醫的分科太細，只就器官的問題來解決，沒有想到人身體的整個相關性，往往流於頭痛醫頭，腳痛醫腳；而中醫就不同，認為「臟腑雖處各自位置，而膜膜則相連」，就是說中醫是一種整體醫治的觀念，人體理、氣、脈是相通的，中醫治病在找到氣脈，和利用平衡的理論來下藥治療，中醫是一種積極的治療法，西醫則是一種消極的治療，阿娘常說，

只要病人產生抗體力，病狀就可以不藥而癒，在日本她的一些病患就是最好的見證，當他們罹患癌症，經過手術治療和放射化療之後，為了避免復發及一些後遺症，她都建議他們在生活和飲食上做完善的規劃，以增強體力，如此才能充分接受所規定的放射線治療，也才能逐漸消除在做治療時產生的疼痛。

我雖然不是學醫的，但是家中訪客非常多，我常常跟在阿娘的旁邊，接待訪客，有本國人也有日本人，身分從販夫走卒到高官顯貴都有，他們有些是來感謝她將他的病治好了，有些是來邀約她看病的，從每一位訪客的臉上，我看到他們對她的信賴與感激，一種發現希望的光芒閃亮在他們的眼眸中，讓我對她的醫術，更加佩服，當學西醫的弟妹們對她的中醫沒有興趣時，讓我有心希望為母親分憂，因為她的失落感，我很能感受到。當時雖然我已結婚，有兒有女，但是因為有位疼我的阿嬤，和愛我的先生，自然我可以擁有自己的天空，而能自在地飛翔，我一直是阿嬤的金孫，自然婚後和娘家就走得很近，阿嬤很疼我，我的先生不但英俊瀟灑，嘴巴又很甜，也很討阿嬤歡心，孩子從小都是跟著阿嬤長大的，就因為在這麼放心無慮的環境下，我開始對阿娘的中醫養生理論漸漸感到興趣，也有心想去學習。剛開始向先生提議說，孩子漸漸長大，又有阿嬤照顧，先生在台灣有工作，無法一塊兒到日本，而由我去幫她的忙，不要讓她有一種兒女都不懂她的心的遺憾，那時候她在日本已深受各界推崇，各方邀約演講不斷，她又要做研究、又要看病人、又要四處應診，加上成立各種推廣總會、分會，真是應接不暇，分身乏術，身邊完全沒有人來相助。

有一天夜晚，和阿娘打越洋電話，在電話的那一端，她的聲音非常疲累，讓我於心不忍，「阿娘，您需要我來幫忙嗎？」雖然她沒有同意，但是她也沒有拒絕的意思，我就私下做了決定——「我要跟隨著阿娘的腳步」，因為我相信她這一套防癌宇宙操及健康養生管理法，是可以救人的，預防醫學在未來一定是主流醫學的。

為了日後的健康事業，下定決心離家赴日

有人說貧賤夫妻百事哀，愛情與麵包總是魚與熊掌難以兼顧，我有很深的感觸。我的婚姻是自己挑選的，當新婚時，兩人還沉醉在愛情海中，彼此牽引的包容力和陶醉的濃情蜜意，仍處在不斷發酵醞釀中，所以彼此眼中的你我都是美好無垢的，所有的耳邊話語，都是甜蜜動聽的。先生比我年長10歲，我隨著他的喜樂而喜，隨著他的悲傷而傷，我們相互扶持，彼此信任，我是阿嬤的金孫，很得阿嬤的歡心，基於愛屋及烏，她也很喜歡先生，先生是外省來台的觀光客，不會講閩南語，和阿嬤兩人雖然語言不通，但是兩個人比手畫腳，卻能溝通暢通。

我第一個寶寶是一對雙胞胎女兒，初為人父母，不會帶孩子，兩個人忙得焦頭爛耳，心力交疲，一個感冒發燒好了，又換另一個；姊妹兩人常常被我們搞錯，餵藥時，會把病已經好的姊姊，再餵一次，反而是把真正生病的妹妹搞錯，而沒餵到藥，這些笑話總是層出不窮。那時候我們的經濟情況不好，孩子吃的奶粉不合體質，姊妹倆常常便祕，我和先生兩人，他忙舉著檯燈照著姊妹的屁股，由我拿著夾子向著肛門裡，用力的挖出像石頭一樣硬的大便來，姊妹們哇哇大哭，我也挖得手腳發軟，看到孩子因為肛門大便小便硬，令肛門痛而哭泣，我也跟著哭成一團，恨自己不爭氣，沒有錢買好的奶粉給女兒們喝，導致便祕。先生在一旁頻頻安慰我，等他再多接一些課來教，就有錢買高級奶粉啦，要我別哭了。先生就是這樣體貼又好脾氣的人，當我時時在為生活煩惱，捉襟見肘而頭痛抱怨時，他就會逗我開心。新婚頭幾年，日子雖然過得很辛苦，不過我們卻甘之如飴。

有一次，先生聽算命先生說我命中要常常穿金戴銀，才會好命，他就真的去泰國買了金項鍊、金手環、金戒指送給我，我開心的穿戴著滿身黃金手飾，去見阿娘，要告訴她是先生買給我的，沒想到阿娘一看到就說：「帶這款金飾這麼俗氣，難看死了，還不趕快脫下來。」我常常都是夾在中間，這邊想討喜，那邊想討好，但是最後就是左右不逢緣。不過我也有應萬變方法，和先生出門，就穿金戴銀讓他開心；到阿娘家就取下來，免得她看了不高興。

夫妻間的相處是需要長時間的磨合，尤其兩個人來自不同的生活背景，飲食文化的不同都可以成為夫妻間的拌嘴引爆點，先生是外省人，他的口味是重鹹、嗜辣、重油、重味，加上他是烹調高手，對於我娘家台菜的清淡口味，相當不習慣，常常是阿嬤費心煮好的菜餚，先生都嫌太清淡，而不想吃，弄得場面很尷尬。我因為看見阿娘研究調查癌症病患的生活飲食習慣，幾乎都是偏向重口味，調味料放太多，加工食品吃太多才會生病，而選擇清蒸、川燙、燜煮等原味食物吃法，我甚至為了先生的健康，而不准他吃重口味食物，也不准他教完體育課後，喝大量的冰水，他是體育老師，上完課後滿身大汗，常喝從冰箱拿起大壺冰水猛喝，怎麼勸也勸不聽，連兒子都學了壞習慣，令人生氣！喝冰水對身體不好，但他總認為我過於挑剔，我們就常為這些口味清、重，或喝冰水問題甚至打麻將、熬夜等事而爭吵。事實上，這也是一種遺憾，他的飲食習慣造成後來的英年早逝，這是不爭的實情，也是我一生的最大遺憾，和阿娘對於阿公的飲食問題情形有點類似。

生活上阿嬤是節儉的人，有隨手關燈的習慣，常常為了省電，整屋子都是黑漆漆暗暗的，先生很不習慣，他的視力不好，總希望屋子裡是燈火通明的，可以看得十分清楚，所以這種生活方式，他總是覺得綁手綁腳的，常常向我抱怨。就因為這一些觀念上的誤解，或生活習慣上認知的不同，他認為我娘家財大氣粗，造成我都是夾在他和娘家中間，兩面不討好。當我為家庭妥當安排好一切，例如搬離娘家，另買新房子，在搬遷時，先生也會抱怨一下，理由是：「凡事都是由妳做決定，沒有徵求我們的意見。」而娘家人也認為：「流汗幫忙，還嫌我們汗臭。」我像個夾心餅乾，左右為難。經過多年，先生和孩子與娘家關係總有一些遺憾，我想我的角色扮演是有些尷尬的。

先生的觀念老舊很傳統，他不希望太太出外拋頭露臉做事，他認為原則上女人要在家相夫教子，可是我是一個事業心很重的人，一心嚮往像男人一樣，能有一番作為，於是先生的壓抑讓我很不快樂，起初我只想去日本幫阿娘的忙，而且我認為阿娘所做的事，是有遠景的健康事業，我也有心想學，但是光要說服先生讓我去日本，就是一大難事。「女人怎麼可以拋頭露臉到日本去，成何體統？」他堅決反對，「這是有未來的事業，一來幫阿娘的忙，二來我想趁年輕，多學學，有什麼不好？」女人也可以留學呀！我為了圓夢據理力爭，但是任我如何解說，先生就是不答應，最後不得已之下，我只好私下去辦理赴日簽證。

當先生發現我已將簽證辦好時，他非常生氣，將我的證件全數鎖在抽屜中，不讓我赴日。雖然我捨不得丟下孩子，也捨不得放棄自己辛辛苦苦建立起來的家園，但是健康事業的遠景，幾乎是可預見的未來，倘若我不趁此時把握住，更待何時呢？於是趁著先生去上班，我像個小偷似的，撬開了抽屜，拿走了簽證，拎起早就打包好的行李，含著眼淚直奔松山機場，飛向我夢想的日本。事實上，在我決定赴日以前，我早已把子女的照應做好安排了，有阿嬤、弟弟、弟媳、妹妹，一大家人和佣人及先生的照顧，讓我無後顧之憂。有人曾問我，做這樣「離家出走」的決定，有沒有後悔過，直到今天我都沒有後悔過，只是有一些些遺憾，在孩子成長的過程中，我缺席了，幸好子女在先生父兼母職的照料下，以及以後努力的補救下，得到大家的諒解，之後每個人都很有成就，這是我足以告慰的。直到今天我對先生的寬宏大量，依然無限的感激和懷念，每一個午夜夢迴，我都依稀會看到他笑盈盈的入夢來，他是我初戀的情人，也是我人生唯一的至愛伴侶，此生再也無法找到像他這樣的好先生了。

後來我的努力，取得先生的諒解，好不容易幫先生和子女辦了去日本的簽證，本來計畫將他們留在日本並幫助阿娘的事業，但是先生已逾50歲了，無法再延續簽證，只得回台上班（當時有辦法留職停薪手續），而孩子都太小不適應日本的生活，也只好放棄在日本讀書，而我則奔波於台、日兩地，家人也是這樣，如此辛苦地度過數年，終於16年過後，阿娘決定要落葉歸根，我們才返台定居，展開一連串創辦基金會、開設公司與出版社，繼續繼承與推廣她的志業。

二、參與阿娘的養生保健推廣

阿娘和病患之間建立了好感情

阿娘到日本是以中醫師的身分，申請到一家肺病療養院去做研究，院方對她很信賴，將一些西醫治療無效的癌症末期病患，介紹給她來做健康管理，她是依照X光片照射出來的病徵再為病患處理，「雙寶液」是她所調配的中草藥漢方，它是由多種藥物熬煮而成，可讓病人的肺活量增加，咳嗽時間減少，病況改善很多，肺部的積膿漸漸減少。她這套治療法是引用中醫的「肺與大腸相表裡；心與小腸相表裡」說法，因為大腸是肺之裡，只要大腸清理好，腸能蠕動，將廢物排乾淨，新痰不再生，舊痰去除，所以喝「雙寶液」可以減輕肺癌末期患者的痛苦。她在日本因為將一位童子軍總裁三島通陽先生的氣喘病改善良好，引起很大的迴響，原本三島先生的肺部被痰完全堵塞住，差一點就沒有救，連治喪委員會名單都列好了，經過她的悉心照應，「雙寶液」的助力，他竟然能起死回生，在眾人的口耳相傳下，許多日本的政要，貴族都紛紛找她健康相談。如負責日本東京奧運工作的奧林匹克總務局長、日本原子能委員會理事長……，母親的高明醫術一下子名震東瀛。她在日本提出減輕末期癌症患者痛苦的論文，及與癌症共生存的理論，得到很大的反饋，她的「雙寶液」在使末期癌症病患，解決肚子的脹氣，及無法大小便的痛苦，並使支氣管暢通，呼吸順暢，她主張人要學會與癌症共生，認為治療癌症最好的方法就是提高抗體和自癒力，並增強自信心，這個概念讓我獲益良多。

阿娘常為一些日本財閥貴族們做健康管理，她常帶我到這些豪門家族家中，這些豪門家風十分嚴謹有規矩，其中有一個大的宅院，紙門是一道又一道，每拉開一道門，就要問一聲：「母親大人，可以進來嗎？」頭要低低的進入。有一位貴族夫人，平時都不做家事，她鼓勵她們要常常活動，才不會腰痠背痛，為了要進一步做糞便檢查，有一次在電話中請她提供糞便檢本，但是左等右等都等不到這位貴婦到臨，很久之後，有一天郵局送來一個很大的禮盒，祕書小姐一層一層的打開，「哇，這是什麼？一坨大便？」打開一看，才發現是一個包裝精美的大便禮盒，我們全部人員都笑到不行，可見這些貴族豪門的生活是多麼拘謹，和注重禮數啊！

日本病患很信服阿娘的話

我們除了幫人健康管理外，還注重文化生活的交流，客人常和我們互動，我們拿出一些家鄉的豆腐乳請他們吃，他們不瞭解吃法，張大口一大塊的吃下去，「鹹死了，舌頭鹹到都麻掉了」，把我們都笑翻了，我耐心地告訴他們：「吃這種豆腐乳，一定要一小口一小口配粥才能吃出腐乳香，我每次吃都很懷念台灣，因為有家鄉的味道。」一位日本國會祕書很喜歡吃我們做的菜，尤其是阿嬤做的菜（後來阿嬤也到日本長住），每次看到我們在吃雞翅膀和雞腳，就很羨慕，一直說：「好可愛好好吃的雞翅雞腳呀。」可是，誰知她以前看了雞腳都說好可怕啊！日本人喜歡吃肉，不喜歡吃動物的臟腑和皮，如豬腳、雞腳、雞翅膀類的食物，都很少吃，但對阿娘針對病人所提出來的飲食習慣，他們都很有心去吃吃看或好奇的嘗試著去學習！慢慢的，他們都說：「好好吃喔！」

阿嬤做的家鄉菜，尤其是炒米粉，大家都稱讚不已，我則特別懷念吃阿嬤滷的雞腳，好吃極了！配上一瓶日本清酒，看看電視，是我們祖孫兩人最快樂的回憶！這雞腳對她助益很大，到了90歲仍然健步如飛，令我印象深刻！

看見未來健康產業的希望

不過跟在阿娘身邊多年，能看到客人或感受到客人得到健康，是我們最安慰的事。有乳癌患者手術過後，左手麻痺全部喪失感覺，她憂心如焚，請教阿娘如何處理，阿娘教她做手部按摩，並在牆上努力的讓手指往上爬，包括手指頭、耳朵、眼睛的指壓、飲食生活習慣的注重，將有癌症的體質做改變，保持快樂的心情，後來她照著這種模式做了之後，有很大的改善，不斷地來信致謝，感謝阿娘賜給她重生，這種情形我幾乎天天都會遇到。有子宮肌瘤的黃女士，當肌瘤手術過後，又發現胸部有硬塊，癌細胞已移轉到腋下淋巴腺來，醫生告知生命期至多只有2年，當她透過電視報導，知道阿娘的事，就來請教她，經她的指導，找出脹氣和便祕的病源，給予對症的生活、飲食方法，得到很好的生活品質，身體逐漸找回健康，精神也變得好很多，女士很感激地說：「我的命都是博士救回來的。」身體康復後，黃女士成為她的基金會的義工，時常來幫忙，這些感人的例證真是多到不勝枚舉。

我在日本的生活是忙碌的，每天的作息依照阿娘的作息為主，早睡早起，她規定我出門一定要在下午5點以前回來，因此東京那麼好玩我都沒什麼機會玩，令我感到很遺憾，她規定我不可以隨便在外面逗留，她會用苦肉計等我回來時再吃飯，有時候被她責罵而離家出走，到飯店或美麗的咖啡廳喝咖啡，排解一下壓力和思鄉的心情，等情緒平穩後再回去，她也不會問我什麼，日子又開始過下去。雖然那是一段煎熬的日子，但是至今回憶起來，仍然是有很大的意義的，尤其是看到垂危的客人或求生不得的客人，重獲生命的喜悅時，都令我忘掉

了自己所受的委屈，也比較體諒她的辛苦。

從阿娘學到養生保健法，返台開養生餐廳

追隨阿娘在日本推廣健康管理法多年，回到台灣之後，發現國人的飲食、生活習慣和日本人有很大的差別，她所倡導的健康飲食法，所標榜的就是「體型與症狀」，我親眼目睹很多人因為錯誤的飲食觀念，而造成很大的後遺症，所以回到台灣以後，為了理想，我想開一家健康的養生餐廳。

20多年前，養生觀念還不普遍，但是我獨排眾議，開了一家以養生概念為主的「莊園餐廳」，這座位於天母鬧區的餐廳，一樓60坪有新穎堂皇的西式裝潢，色澤搶眼溫馨的室內布置，提供不同體型吃不同食物的套餐。2樓也是60坪，播放飯前休息的按摩及體操，和健康講座的錄影帶，供客人觀看學習、操作，以消除疲勞再用餐的理念開餐廳，現場也有護士指導並常開課作推廣！也預備作食療料理外送的工作。一開張連廣告都還未打出去，就天天客滿，來客中老外也占四分之一比率，當年在天母還相當轟動，許多家媒體雜誌都自動來採訪報導呢！

平時我是不好吃的人，飲食都遵循阿娘的清淡飲食原則，所以當我一提出要開餐廳的想法時，全家反對，先生是一個美食專家，也很會做江浙菜，口味都是以油及重鹹辣為主，他聽到我的計畫後大叫：「妳根本不懂做菜，也不會做菜，又是開這種健康養生餐廳，誰會來光顧，搞不好一開就倒閉。」他極力反對，連兒女都說：「媽，您開餐廳我們是不會幫忙的，因為我們一點興趣都沒有。」但是我不畏阻擾，就在重重反對聲浪中，說做就做把餐廳開起來了，而且還有聲有色，竟也帶動起全台灣的養生餐廳概念風潮來，並引動旋風，各式各樣的養生餐廳隨後紛紛開起來。社會局也曾來洽談為高齡者送健康餐，可以說前途看好，讓我非常懷念。

首創養生餐廳的經營

雖然，我對餐飲完全外行，但我很懂得用人，餐廳應徵來的師傅對健康概念很強很有興趣，可以根據我的概念，將菜單開出來，又可以做得色香味樣樣俱全，這就是本事了。我的體型養生餐，是根據阿娘莊淑旂博士的許多位罹患癌症病患的飲食習慣，為什麼會生病而得到的臨床實證所研發出，以不同體型吃不同養生餐的概念來的，我很清楚現代人只要會應用，健康一定常在。

「萬病由口入」，如何吃出健康來？是現代人要學的養生觀第一要法，阿娘的四種體型的生活飲食法，一直是我遵循的鐵律，我的更年期比一般人的52歲都還要晚上10年，可想而知，這套「四種體型飲食法」的可貴。體型與飲食有很密切的關係，我們以檸檬和醋等酸性食物來說，體型胖的人吃這類食物，就有益身體，可以消除疲勞也可以減肥；反過來說，若是瘦型體質的人吃了酸性食物，就會越吃越瘦！必須改吃含多脂肪、甜的及較為營養的食物，對身體才有幫助。從這裡可以看出什麼體型，吃什麼食物的重要性，人的體型不但和個性有關，和滯留在體內不同部位的氣、易患的疾病、性生活、對食物的好惡、偏食、坐的姿勢、缺少運動等生活習慣都很有關係。

我們每一個人原先的體型都是很標準的，為什麼會產生變化，就是和上面所講的因素有關，以致產生胖瘦等外觀體型的不同，這都是自己造成的。按照阿娘的研究結果，她將人體內腹部突出的情形，和腸內氣容易滯留的部分，訂出體型的四種形貌，標準型、駝背型、上

30年前莊壽美老師已在榮總對面成立莊園養生食療餐廳，老外全家都來捧場合影。

腹部突出型、下腹部突出型，我們可以按照標準型體型的吃法，就不會有身材胖瘦的困擾問題了。而我的餐廳就是針對胖的、瘦的體型來設計菜單，當年很多人吃了都很有效果，舉一個例證來說明，駝背體型的人，這種人容易緊張，胃腸消化不佳，體內「廢氣」很多，我的菜單就建議他，要少吃會「造氣」的食物、有刺激性的、有興奮作用的食物，給他建議吃魚、鮑魚、干貝、蝦等海鮮類，生菜、菠菜、甘藍菜、豆類、蓮藕、金針、蛋類……，少吃芥菜、胡椒、辣椒等刺激品及火腿、香腸、烤肉、烤魚、烤土司等燒烤食物。

上腹部突出的人，體內營養過多，多吃寒性食物，可以加快新陳代謝，多吃酸性食物，可以促進代謝作用並減少腹部、胃部的脹氣；下腹突出的人，內臟都往下垂，主因是平時水喝過多，造成下腹部水留滯過多，身體也較冷，要懂得控制水的攝取，需堅守1公斤15c.c.水即可，要消除體內過多的氣，多吃「熱」補的食物，如巧克力、大蒜、薑、胡椒、鰻魚、麻油雞……，避免吃性寒的南瓜、大白菜、竹筍、醃白菜……。

為子女的坐月子事業打開了一扇窗

每天清晨，我親自到傳統大批發市場買菜，一邊買就一邊想，哪些食材配哪些食物，可以給哪一位客人改善體型用的菜單，都一一呈現在腦海中排列組合起來。每一天，我都很快樂，回憶起陳年往事，我仍然對這項開餐廳的想法引以為傲，雖然當年先生及兒女們都反對，但是日後子女他們能成為台灣做月子王國的龍頭，我開的養生餐廳為她們打開了一扇窗，是不爭的事實。當年，我的理想是餐廳成長後，與各大醫院合作食療送餐事業，都在我的規劃中，只可惜當我餐廳業績上升且社會局要委託我送老人餐……等之時，房東要漲房租，一漲要漲兩倍，算算不划算，而且要拆路拓寬，又在家人的不諒解下，我只好忍痛關門，但是那些喜愛我餐飲的客人，因為我的體型飲食觀念的觸發，而得到健康，這是我最驕傲的事！還有那些常開轎車來店裡買特效預防感冒的杏仁豆腐、烤鹽巴橘的貴客，及常買福康、女寶及蜜梨漿等阿娘辛苦開發的健康食品，是我非常懷念的往事。

莊淑旂博士外孫女章惠如領軍的坐月子餐外送服務團隊與宅配車隊。

坐月子餐外送中央廚房北、中、南都有，材質新鮮。

莊壽美老師雙胞胎女兒二女兒章美如經營養生和養胎推廣中心，時常在婦幼展推廣外婆莊淑旂博士的養生和養胎理念，辦得有聲有色。

三、和阿娘移植紅薏仁到台灣

栽種紅薏仁製作成健康產品可以助人

我的大弟莊國治到日本松戶市千葉大學念書，他的指導教授藤井健雄是農業改良品種的博士，主要研究改良哈密瓜的品種，也是千葉大學園藝生產研究所所長，有一回得了口腔炎，滿嘴都破裂，怎麼治都無法見效，長久以來不能吃喝，弟弟曾經聽阿娘告訴他：「口腔炎可以吃加了鹽的熟番茄。」沒想到竟將教授的口腔炎治好了，教授很驚奇更感謝阿娘，詢問有何效勞之處？阿娘對他直說：「我想栽種紅薏仁。」藤井教授就收集各種世界級品種的紅薏仁提供給阿娘，因此改良成頂級的紅薏仁。

在日本栽種農產品，要和當地農戶簽訂契作，並保證收購價，必須要有大筆錢先押給農戶，阿娘拿不出這麼多錢來，然而我深信她所做的事，一定會成功的，於是，我很大膽的去找她的一位患者莊花子的女婿，他是三菱銀行虎門支店長，請他幫忙，我將她這些年在日本所做的事及背景資料，包括在日本成立的基金會、醫學諮詢推廣的防癌成果，3萬6000份體型和飲食調查成績，一點一滴地全數集冊分成飲食、生活、運動提供給銀行參考，我熱心的比手畫腳，指這、指那連漢字也用上了，且由木村老先生熱心的報告，並加以說明借貸開發栽種紅薏仁製作成健康產品，可以幫助更多需要的人的意義，沒想到銀行的辦事人員，對阿娘的名聲，早已耳聞，不多久貸款就批核下來了，1000萬日幣的信貸，她所研發的健康食品——仙度康（原名福康）……等等，造福更多病人的心願予以實現，我自己也很開心，能在這件事情上，有施力的機會。後來，我們在1984年將紅薏仁的種籽無私的交給台灣農委會台中改良場呂阿牛先生栽種，經過多年不停的改良品種試驗，台灣終於成功的栽培出來並極力推廣，造福台灣人民無數！

台中改良場努力推廣紅薏仁的栽種，時常舉辦觀摩會介紹紅薏仁生產技術，這些都要感謝莊淑旂博士和莊壽美老師將紅薏仁種籽引進台灣。

紅薏仁的好處多，造福人群

薏仁，在中國的老祖先很早就發現它的妙用，不但將它作為食用，更視它為養生和治病中不可少的天然食品。阿娘在她的飲食保健方法上，利用改良品種的糙薏仁加工研製而成的產品中，占很大的分量，這種食品有抑制癌細胞異常增殖的作用，可以促進體內新陳代謝，幫助腸道蠕動，排除體內廢氣，一個人體內不留氣，身體自然就會健康。翻看中國古籍記載，薏仁可以治療的症狀很多，真是五花八門，如《本經草木部》上品：「薏苡仁，味甘、微寒。主筋急拘攣不可屈伸，風濕痺下氣，久服輕身益氣。」別錄：「薏苡仁，無毒。除筋骨邪氣不仁，利腸胃，消水腫，令人能食。」阿娘所開發的福康「仙杜康」產品，是體內廢氣的排除、慢性消炎、利尿、排膿鎮痛及抗腫瘍都有其特別的作用。

這些年來，我和阿娘為了薏仁這樣好的農產品，能在台灣栽種，而結合了台灣大學有關農業方面的教授一塊合作推廣，就希望能讓多人受益，從我們指導過病人的生活飲食臨床紀錄上，我們也發現了這項事實。神奇的薏仁，雖然只是一粒像稻麥般的草木，但是它的神祕力量，卻是用了它，自然就知道的，而我本人也是經瞭解、推廣、實踐，在無意間把這份健康的事業「玩」出來的。至今，我都非常感謝，一株株從天地自然中孕育出來的植物，每一粒薏仁都是我親自坐飛機，將它小心翼翼從日本帶來台灣台中改良場請熱心善良的呂阿牛先生研究播種推廣！它的神奇效力，可以救多少人的生命，每當我手握薏仁時，都非常感動，這種具有魔法效力的薏仁，經過大地精華的滋養吸收，是多麼的可貴！我和兒女們成立的健康事業公司，將近十多年，能夠成長有發展，都拜紅薏仁所賜，對紅的糙薏仁我們懷抱著無限的敬意！

莊壽美委託信義鄉農民等人種植優良薏仁，看著從日本帶回台灣的改良種籽開花結果，萬分喜悅！

恩師國寶級藥學博士那琦（前右二）指導莊壽美老師作薏苡本草考察重要文獻，對台灣薏苡推廣有極大貢獻！他的麻油雞文獻研究，對坐月子貢獻良多！

四、無意間「玩」出演講和健康事業

以演講推廣養生保健觀念，成為健康大使

跟隨阿娘在日本推廣健康管理法多年，參加過很多次大型演講會，我早已在她身旁練就出一身充滿活力，隨時能蹦蹦跳跳的好身手來，一天數場演講下來，一點都不會累，反而是精力旺盛，所以很多人都稱我是「活跳跳」的健康大使。我是一個天性樂觀，活潑好交朋友的人，年輕時參加球隊，見過不少大場面，但每次演講上千人的會場，對我而言，仍是有些膽怯的，不過跟著她出席幾次，一下就上手了，現在我的演講層級，已是到爐火純青的地步，我只要事先知道觀眾的背景，我的腦海中立刻就可以針對對象，整理出一套演講大綱內容，有時是臨時的變動，我也可以換裝上場，信手拈來，又能場場精采！

有一次，事先告知來與會的對象，都是退休的銀髮族，但到了會場，臨時才告知今日演講對象是年輕上班族，而且是女性主管，祕書很緊張問我：「莊老師，怎麼辦？」我想了想：「沒關係，我有針對女性的保健方法。」那場演講我講的真精采，我從中國女性的特色講起，到如何愛自己的保健法，並請大家推廣女性月事來時，不洗頭、不吃冰冷食物，以減少女性

致癌的知識；從我穿傳統繡花鞋、寬鬆中國服，成功在國外做國民外交，發揚中國文化，到女性在事業上如何收放自如的道理，我一一做分析，讓在座的女性主管，稱讚不已，事後我還陸續去講了好幾次。我常常都是把握著：「窮著變，變則通」的原則，我不怕多問，我也不怕臉皮厚，常常很謙虛地多問多聽，人和第一，所以我在外的貴人緣特別佳，我很珍惜不恥下問所得到的經驗。

當個最好的「消氣丸」

跟在阿娘身邊，都是在潛移默化中學習的，每次病人或家屬來向阿娘請教病情或是發洩情緒的鬱卒時，我都在旁邊扮演著傾聽的角色，因此，大家都稱我是最好的「消氣丸」，只要有我在，他們的苦悶、辛酸、痛苦就能得到很好的紓解。

莊淑旂博士（左）與莊壽美老師（右）母女二人合作無間，以共同演講逾 600 多場幾乎場場爆滿。

1996年10月19日莊壽美老師與母親莊博士共同在國父紀念館演講的一角。

雞年在中正紀念廣場與國泰人壽合辦聞雞起舞活動，北投國中學生做「防癌宇宙操」於清晨合影。

SOGO百貨公司重視員工健康，延請莊壽美老師與莊博士前往演講盛況。

莊壽美老師在第一保安大隊進行「防癌宇宙操」與健康管理演講，大家認真學習宇宙操。

外交部學員熱心學習健康管理與宇宙操，出國後也熱烈推廣。

浩然敬老院高齡者努力學習做感冒預防操，精神可貴！

在日本和台灣跟阿娘在各大百貨公司做巡迴演講，對她這套以中國傳統醫學理論為基礎，參酌西方醫學觀念，創造出「中醫台灣式健康管理法」，對現代人是十分有幫助的，我花了不少心血去學習，她強調：「吃對飲食，預防疾病。」「好的生活習慣，健康自然來。」她常教導我們或她的病人說：「病從口入。」又說：「如果一個人常常誤食，不但體型歪曲，也會染上不治的疾病。」如啤酒肚，很多人不以為戒，認為是有財富的身分代表，但是透過阿娘解說，大家才恍然大悟，因為上腹部突出，或下腹部突出或駝背，都是一再誤吃誤飲不對食物與飲料的結果，而冰冷的飲料食物更是致命傷！尤其啤酒肚者，只要脹氣上衝肺部，很快就壓迫心臟至死，特別需要小心留意！

演講的拿手題目——體型與飲食的關係

我們人體中有許多細菌，不論好的壞的都有，只要消化吸收器官運作正常，人體就能吸收養分，產生抵抗力，但是飲食上不做節制，常常吃過度的煎、炸、烤、醃製等方式做的食物，又加上生活習慣的不正常，自然會擾亂消化吸收器官，一來導致人體所需要的養分就無法吸收，二來部分養分甚至還成了體內的廢氣，甚至被細菌吸收而成長，同時壓抑了器官的運作；久而久之，身體就會生病，如果抵抗力夠，病魔就無法發揮活動力，反之，就會生病了。

因此，如何創造出戰勝病魔的體型呢？這是我演講時的拿手題目，「體型與飲食的關係」調查是阿娘做日本人的生活問卷調查的結果，經過她的歸類分析後，獨特發現：「人的性格和體型有關，連氣的停滯部位，容易患的疾病、性生活、食物的好惡、適宜的菜單都和體型有關聯。」因此為了推動這個觀念，我海內外走透透，四處演講，其目的就是要將她的健康觀念推廣出去，讓每個人都受惠。這在拙著《這樣吃最健康》談得最具體，此書曾經授權北京師範大學，足見深受大家的重視！

海內外演講了600多場，受惠數十萬人

在演講前，我都會以互動交流、親身實驗展示的方式，來帶動現場氣氛，首先帶動作操、按摩指壓，不要有冷場現象，把握現場高潮迭起，就像音樂DJ一樣，收放自如。只見陌生觀眾怯怯的上台來，我找出他們的體型，說出他們的毛病，幾乎百分之百，「你是下腹部突出，手腳末梢一定常冰冷，要多注意保暖。」、「你上腹部突出，代表體內有氣，你每天吃的東西是哪些，請記錄下來，我幫你調理一下。」不但提出問題，還將對應的簡易方法也一併告知。有時候教導觀眾只是現場做一做，沒想到馬上就有反應，看得現場觀眾各個目瞪口呆，一下子紛紛舉手要上台來，要當「體型鑑定團」的模特兒，我好像成了鐵口直斷的相命

莊壽美老師母校中山女高校長黃郁宜重視同學健康問題，在校內連辦三場健康講座（家長會 800 人，高二、高三各 1000 人）。

師。連在講演中途的休息時間，觀眾都不放過我，上洗手間都要蜂擁而至，「莊老師，您幫我看看，我是什麼體型？」、「莊老師，您看看我肚子很大，要吃什麼食物呢？」，各式各樣的問題都有，一時連上廁所的時間都被霸佔了，第一次嘗到作為名人的滋味，也才感覺到責任重大，不能隨便講，以免辜負了信賴我的粉絲朋友。

我是一位很能製造現場熱絡氣氛的人，和阿娘做全台巡迴演講幾次下來，我就能得心應手，非常有心得，演講前我先分析觀眾們最想知道的問題有哪些？事前我會有充分的準備。還記得有一次難忘的演講會上，一位自動舉手上台的見證人，說要致謝的女士，她得了癌症，醫生說只剩幾週的生命，她不甘願就這樣死了，故努力找到《防癌宇宙操》一書，努力做操，至今3年仍然活著，故她一定要上台表示謝意！我當場感動的落下淚來，我從來沒想到我和阿娘全台走透透，已有如此多的人早已認真看待，努力學習了，竟還因此找到健康，真令人欣慰。為此我努力地將母親的健康管理法和防癌宇宙操，有計畫的在全台推廣，我們和農會系統、家政推廣會、機關團體、學校、社團等單位合作，再推廣到各大小鄉鎮；從台灣、日本、美加、德國、東南亞、中國大陸甚至金門、港澳、澎湖等地，都只要有華人的地區，我們就去推廣，大江南北奔波，前後竟講演了600多場，受惠的人數高達數十萬人。

「大家好！」、「莊老師好！」一身中國服、一雙繡花鞋、一副鏗鏘有勁的大嗓音，大銀幕上播放著千人做宇宙操的影帶和握緊拳頭歌，整個會場蓬勃、亢奮的氣息，增色不少，這就是我出場時的標準招牌特色，讓人忘也忘不了。我所辦的活動沒有不成功的，連原先不被看好的場地，都會被我炒做成轟動的大場面。有一次，預計在台北市政府3樓大廳辦千人健康演講活動，和相關人士接洽時，承辦人員好意勸說：「大門前正在施工做捷運，車不容易進出，很少人會來這會場，要辦千人演講大活動，一定無法成功，到時冷場，會非常難看，請考慮一下。」然而我信心滿滿：「沒關係，我來想辦法炒熱這會場。」我發動基金會會員，

◀ 莊壽美老師接受正聲廣播電台的專訪，播錄前拍照留念。

▼ 2013 年 11 月 22 日，莊壽美老師（左）為了幫母親莊淑旂博士（右）慶生，精心規劃在張榮發基金會大樓舉辦「莊淑旂博士慶生暨成果發表會」。

莊壽美老師每次舉辦演講都有新意，她會特地準備蒸熟的帶皮白蘿蔔、帶皮地瓜和新鮮的小番茄，吃了健康又長壽。

2016 年 8 月 5 日，莊壽美老師在台中書立得書局丫德俐鼠兒童書城舉辦健康講座。

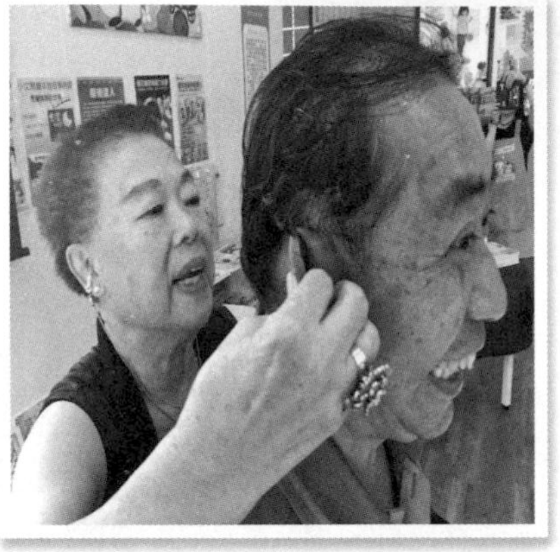

莊壽美老師除了演講外，還會向聽眾示範莊淑旂博士的耳部按摩等。

及我的客戶群們，用很多優惠方式吸引他們參加，果然當天2000個座位全滿，連市府單位人員都嚇了一跳，「怎麼可能？這樣的地點，竟能開出如此紅盤來。」此後只要是基金會辦活動，我和母親的出席，可以是保證票房，讓我們的演講活動一整年都排得滿滿的。600多場演講，就是我和阿娘一步一腳印地開拓出來的，當我們一把一把地播散出保健的種子時，每一位聽到這健康法的人，都能散發出他生命的能量來。

我在健康養生事業闖出一片天

我在姊弟當中是唯一沒有讀醫學的，其他的人都是遵從阿娘的心願，就讀醫學或相關科系，所以她不敢期許我能在此領域上的發展或接續其研究，但是因為我從小就跟隨她，在日本學習她所做的研究，16年多，非常地有心得。我在東大社會科學研究所的指導教授古島和雄先生給我訂了一個研究題目是「中國傳統技術的繼續和發展」，他說我的母親就是我的指導教授，要我好好的學習。雖然弟弟妹妹們都有個令人稱羨的醫生頭銜，但是我從小就有個不服輸的本性，當不成醫生，如果能在健康養生的事業領域，闖出一片天，不也是另有一種成就嗎？也能不負阿娘的期許呀！很多事情的成功，幾乎都是在關鍵的時刻做出關鍵的決定。

1990 年我和子女們成立了「坐月子餐外送公司」，我看準的是廣大的「坐月子」市場。當時，這個事業沒有人是看好的，連自己的子女都常抱怨：「媽媽，我們別做這種吃力不討好的事業吧，您看我們整天接聽電話，要說好久人家才接受阿嬤的這套健康法，講到整嘴都是泡沫，才賣出幾本書，好難賺呢！」我的雙胞胎女兒，每天從早上上班，到晚上六點下班，人手一支健康諮詢電話，「您好，這是××公司，您的問題是不容易懷孕體質，要如何才能懷孕？」、「小姐，您母親的身體是更年期現象，請多做莊博士所教的健康管理法！」每天有關女性保健的諮詢電話有數百通之多，我的想法是一定要先做好健康觀念強化的工作，我隨著阿娘四處演講傳播健康法，並設有專責的健康諮詢專線，只要有問題來電話或來信詢問都可以，我們將問題彙整，交由她針對來詢問的病況或問題提出解答，我們巡迴講演的場次越多，詢問訊息如雪片般飛來，我就告訴孩子們：「加油，這是救人事業，再苦我們都要撐下去。」孩子在我的鼓舞下，才咬牙撐著。

推廣養胎、坐月子的觀念一步一腳印做出心得

起初，養胎、坐月子的市場，只是在試驗、摸索、教育示範中成長的，還未見雛形，過程相當辛苦，有時雙胞胎兩姊妹抗議，不來上班，理由是：「很累，又看不到希望。」都是我苦口婆心勸說好久，她們才又信心滿滿的做下去。為什麼我會看好這市場？也許是我跟隨阿娘多年，訓練出來的直覺吧！她對女性朋友的健康一向就很重視，在日本做問卷調查時，她發現婦女常見的毛病，要從量基礎體溫開始。她常說：「人的健康多半與荷爾蒙的分泌有關，婦女的疾病和生理期的處理、照顧都有關聯性，不可輕忽。」在日本一位名叫年子的小姐，就是很好的見證，年子在25、26歲時生了一個女兒，但不幸的事發生了，她忽然罹患乳癌，經過外科手術切除右乳，不久又發現轉移到左乳，只好做化療，整個療程中，她體力透支非常多，白血球下降到一半以下，十分危險，她的父母親就來拜託阿娘希望拯救他們的女兒。

首先阿娘請年子小姐測量基礎體溫，發現她仍然有排卵現象，而且體溫正常，顯示荷爾蒙的分泌正常，並沒有問題，但是年子因化療又吐又瀉，連她的主治醫師都不看好病情，並預估只有2、3個月的生命。此時，阿娘建議她可以利用懷孕來調理體質，年子家人都很存

疑，但是在阿娘的堅持調理下，3個月後，年子的體力逐漸恢復，她改變初衷，決定依照阿娘的建議懷孕，說也奇怪，年子竟然懷孕了，而且體內的癌細胞竟然停止生長，病況不再惡化，還生下一個小男孩，並用另一邊乳房哺乳。神奇的事，又再發生，年子的癌細胞受到控制，生命得以延續，日後還生下一個女兒，阿娘一再強調，年子小姐因為懷孕、哺乳改變了荷爾蒙的分泌，促進正常細胞的生長，抑止癌細胞，所以得以存活下來。

從懷孕、生產、坐月子看見商機

可見懷孕、生產、坐月子對一個女人的身體改變很重要，阿娘提出女人的一生中，有三次改善健康的最佳好時機，女性初經期、生產後、更年期，和每月一次的月經，如何善加利用女性每個月的「好朋友」生理期？抓對時機，女性的健康管理就可以自己掌握住啦！「量基礎體溫」是女性健康管理最好的醫生，她認為女性從量基礎體溫，就可以知道自己的荷爾蒙代謝是否正常？每天的疲勞是否消除了？胃、腸是否已脹氣？可以準確地抓住每個月的排卵期，這也是避孕的最好方法。一位陳女士常來向她請教，她臉上的黑斑總是在生理期來的時候，特別明顯，她教陳女士做基礎體溫冊量紀錄，並記下出現黑斑的日期，陳女士聽從她的建議後，進而瞭解是荷爾蒙的關係，才會長出黑斑來，經過調理恢復荷爾蒙的新陳代謝，黑斑自然就自癒了。所以女性朋友們請把「量基礎體溫」當成您最好的醫生朋友，三不五時向它請益，要知道女性的許多疾病都從體溫的記錄下，就可看出一些端倪來，所以按時量基礎體溫是女性朋友要做的必備功課。量基礎體溫最好在每天清晨一覺醒來時，將體溫計含在舌下，5分鐘後就可以量到體溫了，天天持之有恆的紀錄，對自己的生理時間就能掌握，方便事先安排一些出國、結婚、旅遊、考試等活動，而不會太過匆促而沒有準備。

「好朋友」來了，如何保養？這是很重要的觀念，阿娘大力地出書、演講，希望每一位女性朋友都能「月月來，時時樂」，女性朋友月事來時，身體會產生變化，如下腹部疼痛、頭痛、疲勞、四肢痠痛、噁心、焦慮、乳腺腫脹、心情低盪，建議移轉心情，聽聽音樂，如果生理痛得很不舒服，她說：「那是體內老廢物化成血液，經過子宮口，排出體外，若是體內有血塊，在出口堵住了，無法排出，就會引起生理痛。」因此為防止生理痛，就要避免血塊產生，日常生活小細節，就要去注意了，我常常教導一些剛發育的女學生，平時要遵守的基本守則：

1、嚴禁生理期時洗頭，因為毛髮淋濕，造成血液循環的不順暢，而停滯不行，造成子宮收縮，要代謝的血液淤積在子宮內，會有後遺症。

2、不要提重物，會讓臟腑往下墜，壓迫到坐骨神經，誘發膀胱炎，或腰痠背痛。

3、不要太疲勞，會影響荷爾蒙分泌降低或失調，妨礙血液循環。
4、不要長期站立，生理期會增加腰部的過度負擔。
5、不要熬夜，作息要有規律。規律破壞了，疾病也跟著來。
6、不吃冰冷食物，不要讓身體著涼，如此血液才不會凝固在肚子裡成血塊，排不出來而發臭致病。
7、生理期多吃甜食，老薑熬煮紅糖水要多喝，可吃甜食產生熱量，促進子宮收縮，可以消除緊張的情緒。建議第一、二天吃豬肝排毒，第三、四天吃腰子補腰，第五、六天吃麻油雞補全身，如此保養則身體會很健康。

坐月子事業是無意間「玩」出來的

至於，女性產後坐月子，要好好調養，就能改變原先的體質，讓原本好的體質更好，有問題的體質，轉為好，所以顧好產婦的坐月子時段，宛如女人脫胎換骨又一春。我的坐月子事業會率先搶奪商機，在坐月子市場上達陣，可以說是無意間「玩」出來的，原先我們只是看好市場，並沒有多大野心，是我的雙胞胎女兒好不容易按照阿娘養胎的方法，懷孕成功，

而且是雙胞胎及三胞胎，在坐月子期間，每天都要找人做月內的料理給她們吃，她們共同想到，「親友煮給我們吃，要煮四十多天，好辛苦。若有專門送做月子餐，讓產婦事先訂購，這一定有商機。」兩個女兒腦袋動的很快，坐完月子後馬上動腦筋，「我們就開坐月子料理外送服務公司吧。」

當雙胞胎女兒的提議一出，馬上行動，將阿娘教她們的坐月子產後飲食，開出菜單，包括分娩後，立刻要喝「生化湯」，產後第一週要吃麻油豬肝，用帶皮的老薑、不能加水，有助於排除汙血，恢復子宮機能；產後第二週要吃麻油豬腰子，可以健腎健腰；產後第三至四週要吃麻油雞，有助補充營養、恢復體力；要吃糯米飯要助內臟腸胃的收縮，及麻油炒飯……等，不能用水煮食物，要用米酒水。任誰也沒料到，「我們的坐月子餐外送」竟成為市面上坐月子服務的第一品牌，北、中、南三大中央廚房，每天在高速公路上，都可以看見我們的坐月子車隊，南北奔波準時將熱騰騰的月子餐送達產婦們手上，我們獨特的營養調理師，讓產婦在坐月子期間充分調理身體，恢復健康活力，為她們的青春美麗做最好的服務。

五、66歲這一年，拿到了碩士學位

嫁做人婦後，想念書的念頭藏在心裡

阿娘從小就是一位懂事又愛讀書的人，她才7、8歲時，為了家計，就肩負起燒飯、洗衣、打掃的工作，生活雖然很忙碌，但是她對讀書都不會鬆懈懈怠，只要有機會就會找時間學習，她常告訴我們她讀書的情形，每次她在廚房做飯或洗衣服時，總是把鐵線纏在水管上，在鐵線的另一端則綁上夾子，用夾子夾著書，就可以看書了，她的一些醫理古書，就是在這種情況下讀出來的。我常會問她：「女孩子念這麼多書，有什麼用？」她就很正經八百的回答我：「讀書可以改變人一生的命運，而古書早有了『書中自有黃金屋，書中自有顏如玉。』這麼好的話！」這些話我常常牢記在心中。

阿娘好學的習慣從我有記憶以來，一直就是如此，以前家裡貧窮，她為了要去考中醫師執照，白天忙著做洗衣婦，到處幫人家洗衣服，晚上點著小小的蠟燭燈，一邊哄著年幼的弟弟，一邊把洗衣板綁在娃娃車上，將要考試的書本講義用洗衣板夾子夾在洗衣板上，就著燈光還能苦讀到三更半夜，從考上第一位女中醫師後，她依舊是很好學，當醫生為人看病後仍

然覺得學而不足，在她40多歲時，遠赴日本再進修，一去就是8年，才拿到慶應大學醫學博士學位。所以我受她的影響很深，經常感覺到學問不夠。讀書的慾望有增無減！尤其好的演講總是不錯過！年輕時，大學畢業後就嫁做人婦，操持家務，和照顧4個小孩子，就不再有機會進修，總覺得有一絲絲的遺憾，經常對先生抱怨，先生就笑我：「當了媽媽的人，有家庭了，還要讀什麼書？不要怕沒有人養妳，有我就不愁沒得吃。」常常都是被他數落了一番，心底雖然很想步阿娘後塵，但環境不允許，也就擺在心坎底，不敢有其他的妄想。

出版人的進修計畫終於實踐

當我事業有成讓兒女接手後，我才進行全球演講計畫，隨著旅遊行程不斷地接觸新思維、新科技時，我心中潛藏的那股想繼續進修的念頭卻不斷地湧現。有一次，嘉義縣私立南華大學出版學系為了讓從事出版的人，有再進修的機會，應立志教授就在台北開了一些課程，因為我是廣和出版公司負責人而有此機會參與。我對出版未來市場的數位化潮流和遠景，很感興趣，於是我認真地對來台北開課的應立志所長商討，我請教他，將我多年從事坐月子事業珍貴的資料彙集整理，加上學術方式的報導，是否有機會成為一篇碩士論文？應教授慎重的點了頭，我才排除一切困難，辛苦的去南華大學研究所參加考試而進入埋首苦讀的世界。另一位世新大學的教授則一再鼓勵我，引起我的自信，至今我仍然感激萬分！

就這樣，我正式成為南華大學出版管理研究所年紀最大的學生。每天不是在宿舍讀書，就是去圖書館找資料，很少回台北，幾乎是常駐在嘉義縣，看校園中的晨曦和夕照，感覺到年輕時的光采又回到身上，整日苦讀進修，完成幾十年前就嚮往的讀書夢。累了就到校園內的森林有氧步道散心，呼吸新鮮空氣，讓頭腦清晰，心情更愉快！同學的年齡幾乎可以做我的孩子，他們對我十分友善，我感覺很幸福！我是很認真的學生，學習帶給我非常多的快樂，阿娘40幾歲去讀書，而我60多歲去進修碩士學位，跟她差了20歲，但意義是一模一樣的。學校的老師都很客氣，特別是應立志前所長及在任的萬榮水所長，都對我愛護有加，真是感激不盡！有一回從中國大陸邀請來的南京大學出版研究所張教授，他對於我重拾書本的精神非常稱讚，一直鼓勵我寫一本教樂活族如何修身勵志上進又健康快樂的書，他說大陸的青年子弟一定也會很喜歡，他又說書若完稿，他定為我寫序，我真的好感動！他認為我本身就是很好的素材和指標，我在學校裡，和那些準碩士相處很融洽，我把自己的人生經歷，傳承給他們；從他們那裡，我也學到年輕人的思考模式，我和他們有很好的互動！

至於考試則是我最大的困擾，但等到下筆時，卻文思泉湧，一些實務經驗及學理交錯在

字裡行間，連自己都很訝異，「活到老，學到老」這是我再重新回學校後，很深的感動和感激。從學習中，我又獲得許多創意，記憶力並沒有喪失，反而更強，又能拓展到許多新領域，這也是中年之後很重要且值得慶幸的事。

畢業的那一天，孩子及女婿們都來為我祝賀，穿上碩士袍，我對自己感到欣慰，「好棒，我終於完成了一個想很久的夢。」常有人問我：「您要寫書，要管公司，又要去演講，自己又常參加各種研習會，還要到全世界參加各種活動和展覽，您是如何學會放下，而能全心去讀書呢？」我的回答總是那句話：「一旦決定了，就會好好的去規劃並會努力的克服任何的阻礙。」我也以此鼓勵大家，不要怕做不到，只怕是你有沒有心想去做到而已。每次當有人介紹我時，總愛用這樣的說詞：「這是阿嬤碩士莊壽美老師，也是一位活跳跳的健康大使。」我的眼眶就不覺地濕潤了起來，因為那段執著學習的過程是很辛苦的。

圖／指導莊壽美完成碩士的應立志教授（左二）是頂尖的博士，而廖樹宏農業專家博學多才（右二）。

莊壽美老師以 66 歲的高齡取得碩士學位，圖為她坐在攻讀碩士學位時常使用的研究所宿舍內的書桌前。

傳承篇

阿娘傳給我們的智慧

一、如何生活不生氣？

阿娘常說，憋住屁不放是最不健康的事，有屁就要放出來，因為屁是腸內的「廢氣」，如果滯留在腸內，會壓迫腸管週邊的神經和血管，很有可能會成為萬病之因，所以她有一句經常掛在口上的健康規則：「無屁可放為上上，有屁則放為中中，有屁不放為下下。」

為何猝病者患者的胃充滿著脹氣？

腸胃的脹氣沒辦法排出體外，成為滯留狀態時，有時候會成為嚴重的事態，以下是阿娘碰見過的病例。一位患者半夜突然肚子疼，雖然沒有發燒，但是上腹部痛得喘不過氣來，這個時候，有可能是得了膽石症、急性胰臟炎、子宮外孕等病變。到患者忍不住了，就呼叫一部救護車將他送到醫院，接受醫生診斷時，不知怎麼的有腸蠕動的感覺，實在是忍不住了，於是放出很多響屁將體內的腹氣通通排出體外，頓時間剛才的肚子痛全部消失了。

如果我們覺得以上是一件小病，放了屁就沒事了，就糟糕了！因為猝死病情經常是這樣的，我們看見新聞報導有一些很健康的年輕人，突然猝死找不到病因。阿娘說這是一個警訊，她在日本慶應大學醫學部藥理學臨床中，曾經遇見過8個猝死的急診，雖然有緊急搶救，不過有的以救護車送到醫院就宣告死亡。為了調查死因，經過家屬的同意而將死者解剖，她經手的8位猝死病患，他們的腦、心臟或肺、血管等與猝死有關的部位都查不出認定的異狀，只能以「原因不明」處理之。可是，她是臨床醫生，對於原因不明很難完全認同，所以她又深入研究，結果發現了一個共通點，那就是每一個病例都是胃部異常膨脹的事實。胃裡面平均有1公斤以上的食物，大部分屬於魷魚、落花生、煎餅、辣椒和炸烤食物等等，因為發酵而生脹氣，鼓脹的胃壓迫著肺與心臟。

然後，阿娘又懷疑這些患者的體型、飲食習慣是否也有共同的問題呢？因此，她一一去訪問這8位患者的親友，其中發現了一個例子，一名男性，23歲，兄弟4人，有兩個人竟然都是猝病而死。訪問死者的母親，據說她的兒子都是典型的上班族，不喜歡吃早餐，白天忙到沒辦法正常吃午餐，只能一天的營養只靠晚餐來攝取，所以母親為了要補充孩子的營養，大都做了以肉為主的料理，並且準備酒或啤酒讓孩子多吃多喝，直到孩子吃飽為止。晚餐吃得飽飽的，因為一天的勞累加上酒精的作用讓孩子產生了睡意，吃飽沒多久就躺下大睡，每天幾乎都過著這樣的生活。

晚上，如果沒有消化食物就倒床而睡，隔天不想吃早餐是可以意料的事。他們日復一日過這惡性循環不正常的飲食生活，倘若有一天，因為前一天晚上睡眠不足或非常疲勞的情況下熟睡，肚內的食物吸收胃液或水分而膨脹發酵成脹氣，促使胃袋脹大，壓迫肺與心臟，就會阻止心臟的跳動。其他7個病患的胃裡以同樣有就寢前暴飲暴食或不吃東西不能睡覺的習慣，生活狀況非常類似，比如工作繁忙、睡眠不足、早午餐隨便了事、晚餐暴飲暴食，這些情緒不穩、工作壓力、缺少運動的因素，如果一下子喝下冰冷的飲料，胃腸的蠕動就會極度的遲緩。

脹氣引起膨脹的胃壓迫心臟，使其停止跳動。雖然是阿娘的推斷，但並非異想天開的想法，獸醫曾經告訴她胃中脹氣的病叫「鼓脹症」，是每一位獸醫都知道的常識，例如牛吃飽青草後喝水，回到牛欄裡再吃乾飼料，這些在胃中發酵成氣體而產生胃袋膨脹，這種情形如果不加以緊急處置，就會發生猝病，通常獸醫會立刻刺進如5寸釘的中空針，消除脹氣後再動手術，取出腹內的食物。同理可證，猝病送來的病患，如果上腹部已經脹到比橫膈膜高了，症狀像急性心臟病患一樣，如果能夠消除腹肚的脹氣，就能獲救。因此，體內的氣——屁或打嗝也是與引起猝病有關。

奪走阿公和阿爸的癌症與體內「氣」的關係

阿公是阿娘19歲的時候患直腸癌而病逝的，他身為中醫師，為了診治病患身心疲乏，飲食不正常，嗜吃肉類、大蒜和香辛料的料理。阿爸則是罹患肺癌而過世的，此時她26歲，當時她的肚子裡還懷著3個月的第五胎么弟再生。她一生中最重要的兩個男人相繼因為得癌離她而去，對她的打擊非常大，她知道這種失去的痛苦，因此她誓言不要讓別人跟她一樣有這樣的痛苦，她充滿消滅癌症的鬥志，所以將孩子躺在她的膝上，上面做一個檯子，可以放置書本，如此苦讀而考上台灣中醫師的資格，當她獲得中醫師執照是33歲。

從此，阿娘盡力蒐集有關癌症的資料，逐一解碼，也因此更加瞭解女性的「生理痛」、「生理不順」與「子宮癌」、「乳腺腫瘤」有密切的關係。這時候，她時常深切反省如果早一點知道飲食習慣、體型和得癌息息相關，阿公、阿爸就不會這樣早走了。體型過胖的阿公，時常打嗝，應該和他看診過長又飲食時間不定，造成了他常打嗝的現象。而阿爸的體型屬於瘦弱型，生活嚴謹，但時常放屁，所以我們小孩子常對他說：「爸爸又在放鞭炮了」。阿公不喜歡吃水果、青菜，喜歡喝酒和吃肥肉、大蒜等，個性忍耐、熱心助人；而阿爸則是喜歡吃生的青菜和酸、鹹的食物，不愛吃肉，做事認真又誠實、常犧牲小我。這一些環繞在阿娘腦海的點點滴滴，讓她慢慢爬梳出阿公和阿爸得癌的共同點，那就是「屁」和「打嗝」，他們體內的氣，是否和癌症有關呢？

往後，阿娘請病患填寫的「生活調查表」，都會請他們詳填「屁」和「打嗝」的項目。她終於發現了「猝死病」、「癌」和其他疾病與病患的生活方式、飲食生活有密切的關係，更進一步得出幾個心得：今天的疲勞要今天消除，不消除會造成下面的情況：A.感冒B.未老先衰C.成人病D.前癌症狀

因為體內的「氣」會使組織或器官的機能低下，成為各式各樣的老化原因，或引起這些器官造成疾病的成因。所以，「屁」和「打嗝」是身體的警報器。

莊博士消除脹氣法，簡單好用

阿娘的健康管理法，明白指導每位讀者如何每天擁有「健康而快樂的一天」，以期維持健康的體魄。一大早起床時，先在床上做些溫和的運動，然後外出去澆花、散步、做體操，接著洗個溫水澡，再做平躺全身伸展的動作及耳部、手部按摩和眼睛的指壓，然後吃頓豐富、

健康含肉、青菜、水果的早餐。如果每天持之以恆，相信上班族、學生、家庭婦女一天精神都會很好。

她特別灌輸一個觀念，最好是在中餐前先平躺做些消除飯前疲勞與脹氣之動作，再小睡片刻後起來用餐，而非國人一般習慣於中餐後再午睡，這種影響健康的不良習慣希望早日糾正過來。用午餐前，平躺床上，拉拉耳朵，按摩眼睛、按摩手腳，及伸展全身，不僅會消除上午的疲倦及腹中的脹氣，也會協助我們下午不容易勞累。

正常說來，在中餐前午睡約一、二十分鐘就足夠了。她認為，上午的疲倦尚未消除即進食，而進食後又馬上睡覺，使得食物沒有辦法消化，且會造成頭痛，身體不適的後遺症，食物一旦沒有完全消化，體內容易發酵積存脹氣，因此我們在此特別呼籲飯前先睡，而非飯後才睡。至於下午下班、放學後，建議先去洗澡，然後也做飯前消除疲勞與脹氣法，再休息片刻左右，將一天的疲勞恢復再用清淡的晚餐。晚餐用畢後，約過3、4個鐘頭可做些消除疲勞的按摩與體操，再上床睡覺休息，如此才不會影響消化。

至於在飯前如何消除疲勞與脹氣？阿娘的建議是這樣的。

※全身伸展運動

很多人早上會賴床，不肯起來，非等到最後時刻，才匆忙完成刷牙、洗臉、穿衣、吃早餐的動作。實際上，如果肯早起二、三十分鐘，舒展一下筋骨，並到室外散步，做運動，再洗個溫泉澡，吃頓豐盛有肉、青菜、水果的早餐，對身體是大有幫助的，為自己的健康做些小投資應該會有很大的利潤回收。阿娘教導我們，在起床前，全身做伸展運動，讓平常較少活動的腋下、淋巴腺、喉下甲狀腺及中間橫膈膜有舒伸的機會，而且同時活動一下腳部，除了可以消除體內積存的氣體，鍛鍊大腿的結實，也可以活動穴道拉伸筋，消除腦部疲勞，防止記憶力減退，使身體輕鬆，情緒平衡，達到身心健康的功效。

(1) 身體平躺，合攏的大腿、膝蓋、小腿肚及腳跟均需密切地貼合，把雙手平放在腹部，手指互相握緊，將下腹托起，後做頭部和腳同時挺直的運動，然後做3次深呼吸，呼氣時要慢，並發出輕輕細細而持續的「無」聲。

(2) 雙手交叉握緊，手心旋轉向外，手臂要使力伸直高舉頭頂用力拉伸，同時頸部儘量向上伸展，並將後頸頂住床沿，使全身上下拉直伸展，緊閉雙唇，人中伸直、舌頂上顎，咬緊牙根。

(3) 雙腳腳掌一上一下擺動12次，做的時候，腳後跟併攏，膝部合攏，後腳筋儘量用力拉直，向上之腳趾儘量往後翹，向下彎時，腳趾用力下壓。

⑷兩腳腳掌心相向併攏，先由內向外，後出外向內轉圈各6次。

⑸初學者，大腿、兩膝、小腿肚及足關節等部位不易併攏的，可用布條或毛巾綁住。全身伸展運動，如果能在三餐前、晚上睡覺前及上午10時、下午3時喝下午茶而做的話效果最好，此外，此項運動能夠預防記憶力減退及預防老人癡呆症，好處非常多。

⑹若外出時無床可平躺，可找公園之石凳或辦公室中之坐椅數張並排使用，方法如上，效果亦佳。

全身伸展運動圖說說明

1.身體平躺，雙腿後腳筋、腰部、肩胛骨等用力拉伸，同時頸部儘量向上伸展，雙手握緊，手心向外，手臂伸直高舉頭頂上，使全身拉直伸展開（大腿、膝蓋、小腿肚、足關節，均須密切地貼合。）然後做3次深呼吸，呼氣時要慢，並發出輕細而持續的「無」聲。

2.把雙手置於腹部，手指相互握緊，將下腹托起，做後頭部和腳同時扯直的運動。

3.雙腳掌一上一下擺動12次，做時，腳後跟併伸直脊椎，雙手手心朝上在腦後交叉。

4.兩腳掌心併攏，先由內向外，後由外向內轉圈各6次。初學的人，大腿、兩膝、小腿肚及足關節、腳後跟等部位不易併攏的，可用布條或毛巾綁住。

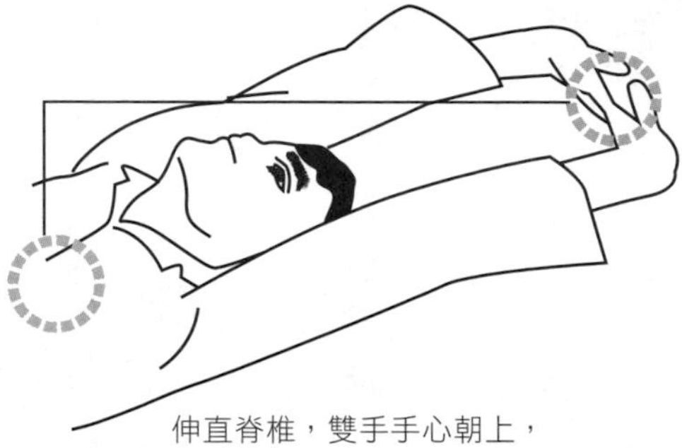

伸直脊椎，雙手手心朝上，
在腦後交叉（1）。

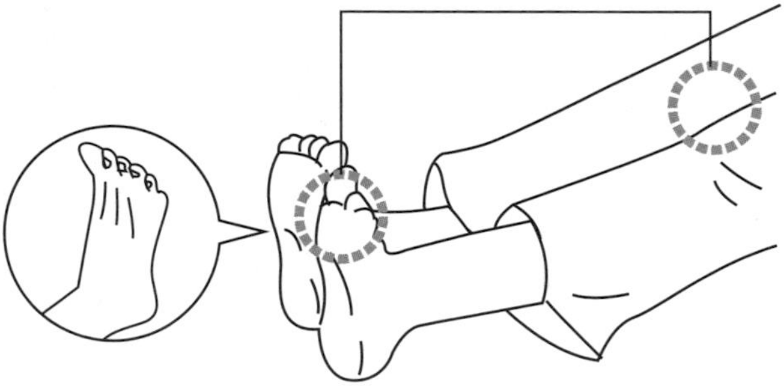

保持腳指尖和兩膝併攏的狀
態，緊貼雙膝與腳踝（2）。

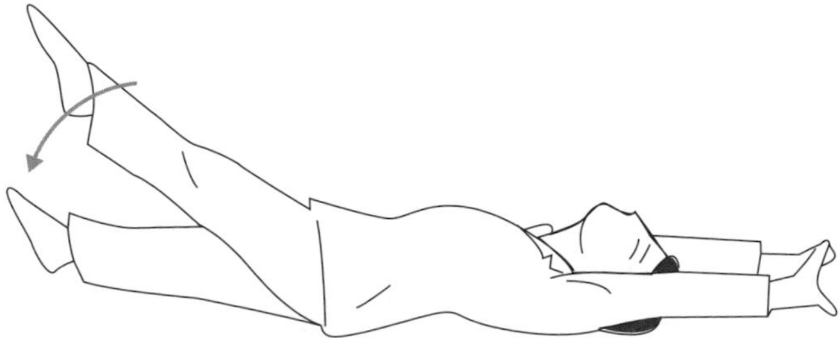

保持腳指尖和兩膝併攏的狀態，雙腿抬至 45 度左右，細數而後放
下，此對排氣與通便十分有效（3）。

※莊博士耳部按摩法

耳朵有108個穴道以上，全身疼痛的信息都會反應在耳朵上，每個人疼痛的部位不一樣，經常充分按摩耳部既可以消除疼痛處及神經的疲勞和精神的壓力，也可以暢通氣體，增進胃腸功能運作。做耳部按摩，須挺胸收小腹，牙關與眼睛要輕輕閉住，兩肘須抬平至比肩膀高，以拇指和食指中指依序夾住耳朵的下、上、中各部位，再用壓、揉、拉的順序加以按摩，再以拇指壓耳垂、耳尖上、耳中後的凹處，然後用手心按壓耳朵，直到聽不見任何聲音並向前及向後各按摩6次以上，最後做深吸氣再鬆手深吐氣。

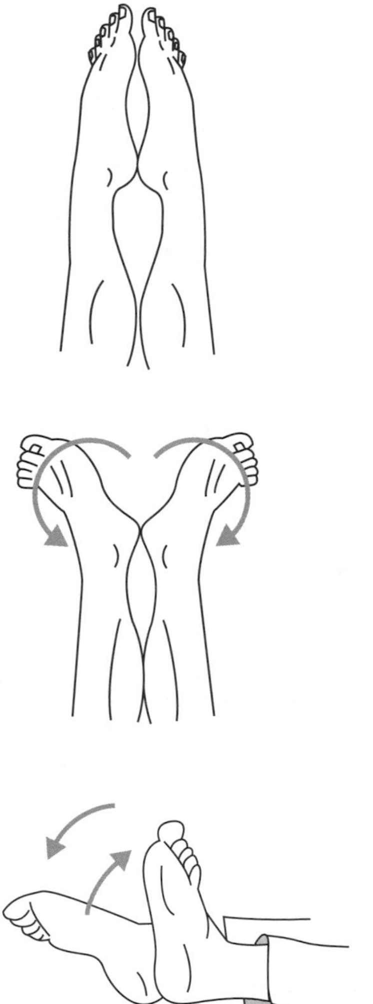

以上3圖是保持腳指尖和兩膝併攏的細部動作（4）。

※莊博士手部按摩法

上班族處理公務、學生做功課、婦女做家事，多多少少都會碰到手部極度疲累，這時候需要做手部按摩，來消除如千斤重的痠痛感。同時刺激手背不常用的肌肉與指尖末梢神經，可迅速消除體內的脹氣。首先，一隻手手心朝下放在桌上，另一隻手以指尖在手肘三指處各從手背中間、小指側邊及拇指側邊等三處輕輕地往指尖按摩，到指尖時，應稍用力，以刺激末梢神經。兩隻手可以交替進行，每部位各做12次以上，也可兩人互作。最後便以右手的拇指和食指，從左右抓取左手每根手指並且每根手指都要按摩到，接著再從指間和手心中央依序按摩。

手部按摩說明

雙人互做或雙手自己按摩。

手動腦動，是應具備的常識，常活動指尖、手心或按摩手背，都是預防老化的方法。自己做時用一隻手為另一隻按摩，左右手互相按摩，每一部位做12次。替人按摩時，以手順勢握緊對方的一隻手，幫忙抓緊，兩手均做。

1. 由手腕關節前，量三指距離處開始按摩手背到指尖。

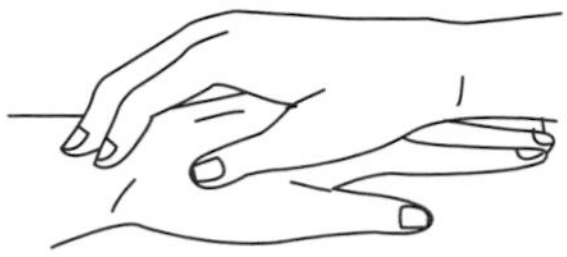

圖（1）

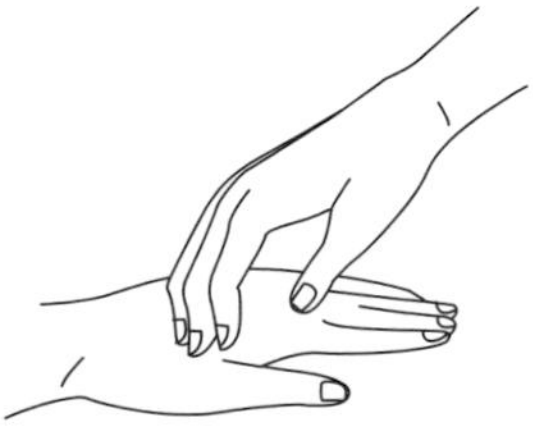

圖（2）

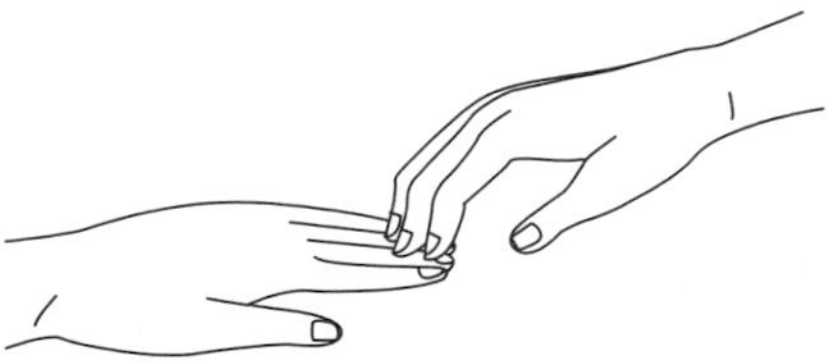

圖（3）

2. 到指尖時應稍稍用力壓，以刺激到末稍神經。

3. 從腕關節上量三指距離處，用一隻手的指尖腹，由另一隻手小指的側邊緣，開始由上而下按摩。

4. 從腕關節上量三指距離處，用一隻手的指尖腹，由另一隻手拇指側邊緣，開始由上而下按摩。

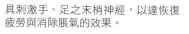

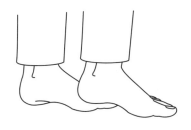

手指與腳指的指壓

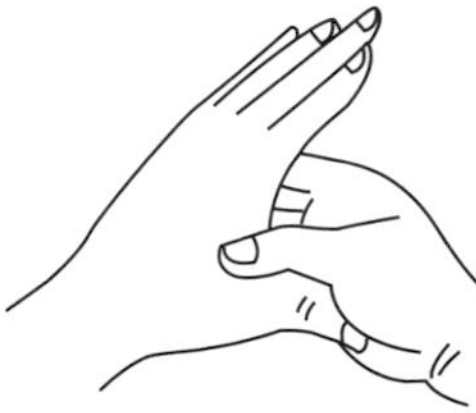

具刺激手、足之末梢神經，以達恢復疲勞與消除脹氣的效果。

以拇指與食指、中指分上下在指間指壓。

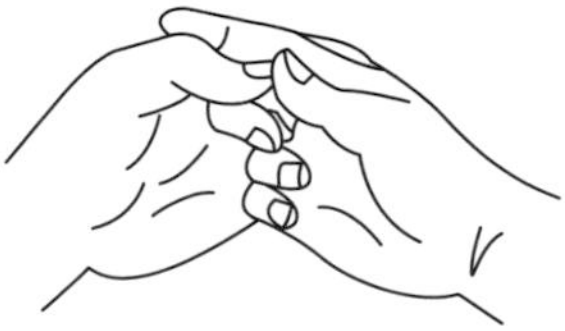

以拇指與食指自左右抓壓另一隻手各指，並反覆操作。

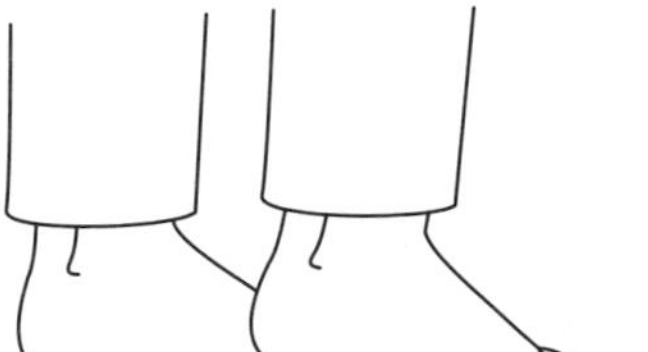

以腳跟互踩踏另一隻腳趾尖指壓。

※莊博士腳的按摩法

阿娘說頭部的疲勞，可以用腳來治療，腳的按摩即是一個好方法。

按摩腳後筋的地方，如果會痠痛，表示疲勞未消除，須按摩至不痠痛為止。自已按摩的話，不能怕痛，也不能因為怕痛而不確實去做，結果未能達到效果；按摩腳後筋至不痛後，就搓洗周邊的汙垢，最後再以熱、冷水相互沖腳，就可消除疲勞。

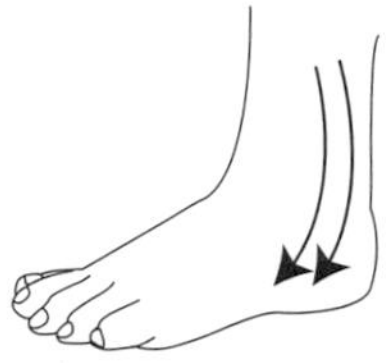

圖（1）

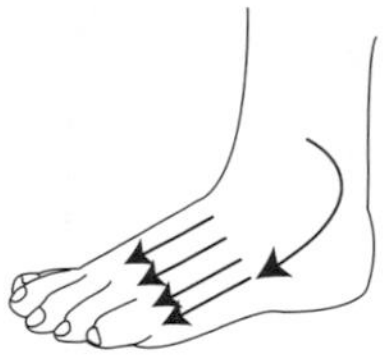

圖（2）

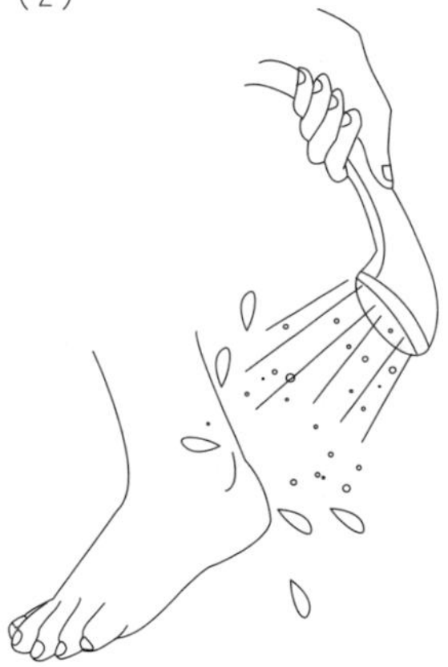

圖（3）

圖（4）

※莊博士蛋殼消氣法

阿娘在日本行醫的時候，有一次幫一位因屁放不停而想自殺的病患做健康處理。她傳授他「蛋殼消氣法」，使他過著健康的生活而打消自殺的念頭，這種「蛋殼消氣法」是用蛋殼煮湯或泡茶來喝，方法步驟如下：

A.先將買回來的雞蛋殼用清水洗乾淨，再用鹽抹在蛋殼上摩擦一會兒，以清水再清洗一次。然後將洗淨的蛋殼，用手捏碎放入小紗布袋裡，把袋口捆好，再放入清水裡用火煮。

B.水煮沸後，再以小火煮20、30分鐘後，將小布袋拿出。然後以此沸水來泡茶或加其他調味料煮湯。

「蛋殼消氣法」除了解除放屁，對治療打嗝，也是很有效果的。

※莊博士一直線徒步消氣與疲勞法

古時候的人因為交通工具不方便，因此大家時常走路。走路除了解決交通的問題，也是最方便、最節省的運動之一。嚴格說來，一般人都不太重視走路的姿勢，而且也不瞭解走路姿勢不正確會引起多少後遺症，特別最近報章雜誌都有報導脊椎骨毛病，已經是現代人最常罹患的病症之一，這是一個很重要的警訊，希望讀者要正視這個問題。走路不正確，不僅儀態不優雅，也會妨礙身心健康，許多下腹突出，脊椎彎曲及腰痠背痛的毛病，都是因為這個緣故而造成。換句話說，一個人的身體，其外型、姿態、走路、坐姿、站姿都息息相關，如果走路的姿勢長期不正確，會帶來的後患是無窮的。

阿娘提供了一套正確的走路方法，名叫「一直線徒步法」，不僅可以矯正不良的姿態，而且可以幫助消除疲勞，請參閱後面的「一直線徒步圖」。

A.腳跟先著地，用力伸直腳底，腳尖最後落地，肩膀自然下垂，臉部稍微抬高。舌頂上顎，緊閉雙唇，咬緊牙根，並提肛，縮小腹。

B.手臂緊貼腋下，伸直手肘，以前三後四的比例擺動，以影響肩關節的運動。雙腿內側用力，直線行走。如此步伐可以減輕肩部與腰部的痠痛，使心情輕鬆愉快。

此外，建議讀者外出的時候穿著後跟粗、安定感很好的鞋子，按照以上為您推薦的步行儀態，相信您的體姿表現高雅，身心的健康也會保持得十分穩定。清晨散步也是訓練走路很好的時機。阿娘常說：「清晨，萬物甦醒，大自然的景象正是一切萬物煥發的時候，此時的散步真是一本萬利，好處多多。」清晨散步最好是赤腳，腳踏在綠草、泥土上，吸收地靈之氣，呼吸新鮮的空氣，如果住家在郊外，還可看看綠色的風景，對眼睛及心情都是很好的。

對上班族、家庭婦女來說，有時會被公事、家務弄得身心疲累，如果懂得善用清晨散步，接近大自然，頓時之間能拋開煩惱、壓力，心情自然寧靜安詳，對一天的展開具有莫大的影響，可以說，清晨散步是一項好處很多的活動。阿娘的清晨散步習慣，在她過世前已實行30多年了，擁有一個身心平衡的身體，而且事業蒸蒸日上。如果您是一個公務繁忙、壓力很多的上班族或鎮日忙於操持家事的婦女，請加入清晨散步的行列，由您開始做起，影響家裡其他人，自然帶動家庭運動的習慣。如果您不是在草地上散步，提醒您要穿一雙好的運動鞋，然後背上背包，以雙肩帶的背包最好，儘量不要以單肩背東西，如此才能讓體姿平衡，不易造成駝背。而且袋內放個「救命袋」，裝些必備急救品、小乾糧、零錢、證件……等，有備無患，您將受用無窮。清晨散步也是件防癌宇宙操的前奏曲，至少走上一個月並同時作預備操，如此再做防癌宇宙操則功效更大了。

一直線徒步法

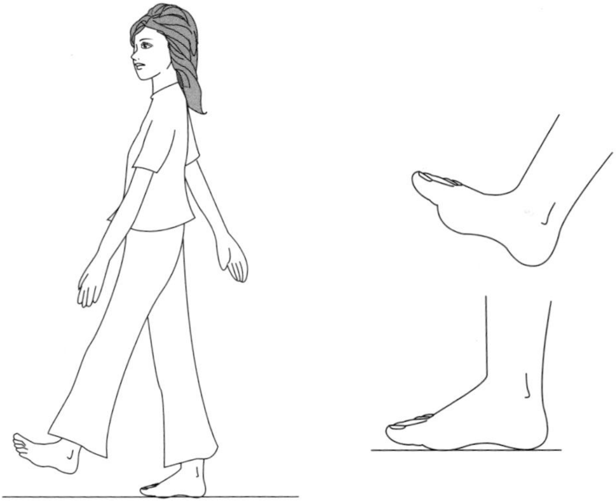

腳跟先落地、腳尖最後觸地。如此步行便能消除肩部疲疼與腰部沉重，使心情愉快。

上身挺直往後仰，手臂上舉拉高直高過頭部雙手壓樹。赤腳踩樹根，以刺激腳底與腳掌心四周。

二、防癌，與癌共存

認識癌細胞，健康面對它

通常，每一個人的細胞都存在著癌的遺傳子，只要這遺傳子不受到異常的刺激，就不會暴動，保護遺傳子不受外在的刺激是充滿活力的正常細胞。倘若細胞癌化，不像大家所想像的癌細胞與正常細胞格鬥，也不是癌細胞強奪正常細胞的養分，而是正常細胞趨弱無法消化營養的時候，癌細胞利用它來增殖。所以，如果可以提高週邊組織的機能，癌細胞就可以原封不動停留在那裡。如果這時候動手術，等刺激癌細胞或是癌細胞的一部分逃進淋巴管時，癌細胞就擴散到全身潛入體內最弱體化的組織，等待增殖的機會。末期癌容易轉位是當然的道理，因為癌的末期，體力已經衰弱了，各部分組織到處都成為癌細胞能潛入的環境。

日本明治神宮裡有一棵中空腐蝕的巨木，這一棵巨大的樹木不僅活著，翠綠的葉子生意盎然。人的身體也是如此，雖然身體的一部分有一些組織的變化，但是如果天天過著有規律的生活、理解自己身體的狀況、生活上與自然的節奏調和，那麼，就不必太懼怕癌症了，怕的是不顧及會造成癌的自己之生活樣式。一般人聽到癌就會想到馬上動手術，阿娘說這是有勇無謀，最重要的是如何改善造成癌的生活方式，要建立不讓癌異常發達的環境，才是真正的癌的治療。

齊藤順子得乳癌，靠生小孩救命活下來

阿娘常說，癌的遺傳子在我們未發現時就反覆在體內異常發達或治癒。檢查胃的人常看到，病患不自覺的情形下會有潰瘍的跡象，癌也是如此。被醫生放棄治療的病患往往會仰賴宗教的力量支撐活下去，這是很正常的心態，會採取一種安身立命的態度，發動防衛力來將癌加以封鎖。她有一位病患叫齊藤順子，她是一位30幾歲的女性，在她長女出生後2個月發現罹患乳癌，於是她向外科醫生求救，立刻被摘除一邊的乳房，因為她剛生產尚未恢復，因此不能用放射線治療，經過一些時日再使用放射線時，發生嘔吐和下痢的現象。那時候正值冬天，她有微熱而無法起床，她的父親和先生跑來找阿娘救她，希望阿娘至少可以延遲她的壽命一年。

當時，阿娘建議齊藤女士再懷孕生育，對於已經是「等待死亡」的人來說，要求她再生小孩是一件不可思議的想法，他們對阿娘說：「先生，這種想法好像不對吧？」阿娘則回應：

「如果本人有求生的意志，我來協助她！如果她沒有活下去的意志，身為家族的各位也不瞭解的話，治療就是無意義的事。」面對已被摘除一個乳房、又不能起床也不想說話的病人而言，要求她再生孩子是很難令他們信服的事，因此阿娘有耐性地對他們加以說明。因為齊藤女士生產後荷爾蒙代謝尚未恢復正常就動手術，做放射線治療，等於刺激叫醒癌這個猛獸，如果照這樣下去，會無法恢復對癌的防衛力，會使癌細胞轉移，結局就是等待死亡。如果給她恢復全身正常的新陳代謝的機會，防衛能力活潑運作的話，很有可能與目前的癌細胞共存。這個契機就是妊娠！

女性的妊娠，是身體再生的機會，生命誕生對母體的變化是十分神祕又充滿活力的事。妊娠時，由性荷爾蒙的代謝起，為養育胎兒，所有的器官的代謝都活潑起來了，細胞不斷的再生，趁此機會加以支援，「防衛軍」就會正常活動，癌周圍的細胞代謝正常化使癌無法活動。但是，一切都要先增強體力，做好妊娠的準備。

齊藤女士的父親和先生聽完阿娘的解析後，認為很有道理，和齊藤女士商議後決定遵照她的提議治療。她首先將增強齊藤女士的體力為優先考慮，預防癌細胞的轉移，她以飲食為主，先從齊藤女士的體型應該吃什麼食物來設計，齊藤女士屬於下腹部突出型的人，消化器官下垂無力，生殖器官被腸內的氣壓迫，癌前可能時常生理痛，生理不順是可想而知的，她的建議也是屬於改善體型的部分。

隔年，齊藤女士懷孕了。但是懷孕的事被外科醫生知道後說：「這樣只會加速癌細胞的發達，對嬰兒沒有好處。」在沒有和阿娘商議的情況下，就進行搔爬，搔爬是人為的破壞荷爾蒙的平衡，意味著難得團結一致的身體諸機構被擾亂其團結合作，外科醫生可能只想到外科醫療的對象——癌，而沒有考慮到身體全部的代謝問題。結果，齊藤女士的病情再度惡化，她的父親和先生又跑來找阿娘，阿娘仍然照上次的建議告訴他們，如果不懷孕生育，是沒有治療的可能。不久，齊藤女士又懷孕了。

阿娘為何要防止另一邊乳癌的轉移呢？她認為要使乳腺產生應有的活動，就必須讓代謝活潑不可！因此，強調生產後要正常哺乳，不能違背生產後刺激乳腺分泌出足夠養育嬰兒的母乳，這是大自然恩賜的禮物，不要加以反抗。齊藤女士妊娠後下垂的胃向上，很順利的生下一名男孩，後來又懷孕又生了女孩，因為這樣的治療，讓齊藤女士延長了壽命，而且在人生有了新使命，如今她的長女和後面生的兩個孩子都已長大成人了，一家人過著有希望的日子。

齊藤順子的例子是阿娘呼籲得癌者要學習與癌共存的典範，只要不攻擊自己已有的癌細胞，與其共存的生活是可以提高自己的治癒力。以這種方式克服癌的病例，她經手的就不下100件。不過，她說，寧可預防癌比治療癌好，所以她一生的志業就是防癌、治癌，如今預防醫學在台灣發展得很好，她也是其中一位有貢獻的人。

三、防癌宇宙操1.0版誕生

防癌宇宙操的靈感

「防癌宇宙操」的研發，最早的靈感是在1960年阿娘到奧地利維也納參加國際藥學總會發表〈減輕末期癌症患者痛苦的方法〉論文時，從東京到維也納途中在飛機降落等待部分乘客轉機時，有40分鐘的停留，當飛機停穩後，乘客迫不及待地站了起來，大部分的人會不自覺的拉開雙臂，將頭往後仰，伸展全身，做完後口中不由自主地呼出一大口氣。這個畫面讓她產生了深刻的印象，也讓她的腦海萌生「防癌宇宙操」的雛型。

當她抵達維也納的旅館後，很快地便進入浴室沖澡，想把搭機的疲勞藉由沖澡消除，當她雙手拿著毛巾為自己擦背時，想起了下機時乘客拉開雙手伸展肢體的畫面，從此以後，她在洗澡時都會用毛巾擦一擦背，最後再將毛巾拿高來伸展身體。

阿娘發表論文後，回到東京，繼續從事醫療諮詢的工作，指導人們如何飲食、如何防癌、治癌。通常，她幫病患做諮詢時，習慣性的會摸病患的脖子下面和兩邊的甲狀腺、腋下雙邊的淋巴腺及恥骨兩邊的鼠蹊腺等癌細胞最容易著床的淋巴系統，觀察這些部位是否有變化或是異狀，而她對癌症的研究仍然在進行中。在日本，她曾經對3萬6000名以上的癌症患者做問卷調查，發現他們大部分都有身心疲勞、容易緊張、有生理痛、情緒不佳、睡眠不好、未老先衰、腰痠背痛、背痛等症狀，而這些症狀大部分是因為營養過剩、偏食、缺乏運動、生理期中常感冒等原因引起。如果一個人每一年感冒3次以上，而且感冒都長達2到3個星期才痊癒，這樣就屬於健康亮起紅燈的「前癌症狀」了。

獨創的「防癌宇宙操」1.0版誕生

人一天有24個小時，躺著休息的時間占了8小時，也就是說忙碌16小時只靠8小時恢復體力，如果睡眠不足，又加上工作疲勞，就會出現腰痠背痛、記憶力降低、頭腦不清楚等症狀，有這些症狀的人就容易感冒。感冒是萬病之源，因此阿娘非常強調「今天的疲勞今天一定要消除」！人在醒著的時候，大部分的時間都在低頭做事，因此只有適當的伸展，就有機會消除體內的疲勞和脹氣。於是，她更加體會了伸展運動對人體的必要性。

在這些伸展的動作中，阿娘加入了「轉頭」、「轉肩」、「踮腳尖」、「握緊雙手掌」、

「捲手指」等動作，可以刺激末梢神經。雙手握緊布巾將雙臂往上拉直並用力前後擺動，此動作可同時運動到雙臂和兩個大腿的內側肌肉且衝分刺激全身淋巴線。然後，借助大自然的無限力量來協助人體打通氣血、消除疲勞和脹氣，使人擁有健康，因此人以赤腳踩在草地上吸收地氣，眼睛看著天空，人在天地之間，使「天」、「地」、「人」合而為一，就在操作宇宙操的短短幾分鐘內，人體的淋巴腺、四肢的末梢神經、肩胛骨、橫膈膜和五臟六腑都能運動到，甚至連平常最不容易運動到的脾臟也運動到了，古書說：「脾者萬物之母也。」脾屬土統血，主四肢和肌肉，脾臟如果健康，脾土就會大開，胃口會變得很好，如此一來，身體就能保持在最佳狀態了。

莊淑旂博士（前排帶頭者）研發防癌宇宙操，她帶領子女推廣到全世界。

莊淑旂博士教單國璽主教做防癌宇宙操。

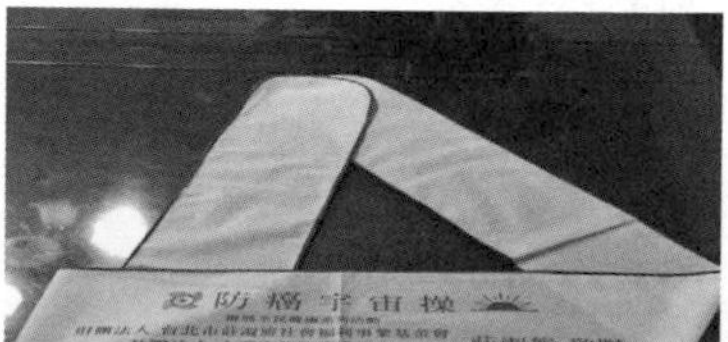

莊淑旂博士時常到處演講，帶著黃色的防癌宇宙巾，努力推廣做伸展運動。

阿娘加入以上的動作後，她獨創的「防癌宇宙操」1.0版（日後我將其改良，再研發出2.0版）就大功告成，而完成的時間距離去維也納發表論文的時間已6、7年了。之後，她製作耐用的「黃色防癌宇宙巾」，因為脾臟屬土以黃色代表，又搭配《桃花過渡》的音樂及宏亮的口令，將其拍成錄影帶，並編撰成冊，大量發行，努力推廣，造福人群！

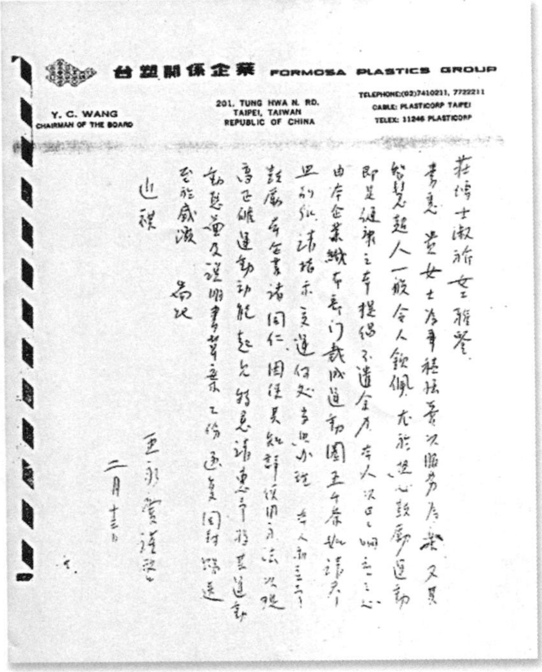

圖／王永慶先生寫給莊淑旂博士的信件內容。

莊博士淑旂女士　雅鑒

惠悉　貴女士為事積極，善以服務為樂，又其智慧超人一般令人欽佩，尤於熱心鼓勵運動即是健康之本，提倡不遺全力，本人以區區響應之心，由本企業織布部門裁成運動圈（巾）五千條，請參照別紙，請指示交運何處當照辦理。本人亦立予鼓勵本企業諸同仁，因使其知詳使用方法以提高正確運動動能起見，特急請惠予技藝運動動態圖及說明書草案乙份，函復回封賜送至於感激　　耑此

近祺

王永慶謹啓

二月十三日

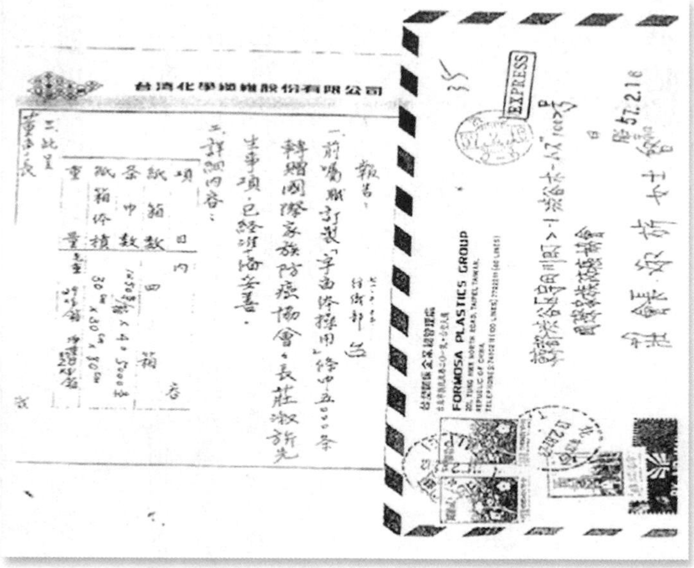

王永慶先生捐贈 5000 條宇宙巾的信件，台灣宇宙操由此開始推廣。

四、女人的三春：初潮、養胎與坐月子、更年期

女人有三個關鍵期可以改善身體

除了推廣防癌、治癌的觀念外，阿娘最為人所稱道與推崇的，就是她在女性生理學方面的精深鑽研，以及由此發展出來的一系列從月經初潮、懷孕生產到停經更年期階段的女性保健理論與方法，這也是她習醫研究時最關注的課題。她強調，女性是家庭溫暖的來源，女人創造生命、養育生命，如果本身不健康，就會使家庭陷入憂愁的困境，所以，女人可說是促進整個社會進步、健全的關鍵角色。在她的想法，女人的一生有三個健康關鍵期：月經初來時；懷孕生產時；停經更年期。她將這三個時期，鉅細靡遺地剖析與講述給女性朋友瞭解，女性應該如何在這三個脫胎換骨的生命關鍵時刻，為一生健康打下紮實基礎，活得精彩而快樂。因此，她在2005年、2006年相繼出版了《女人的三春》1「生理期、坐月子篇」、《女人的三春》2「更年期、銀髮族篇」（時報文化出版）。

初潮和懷孕生產時的調養

在「生理期、坐月子篇」裡，阿娘除了詳細解說在月經初來的青春期以及創造生命的懷孕生產期，女性會出現哪些生理與心理上的變化與成長，讓女性對自己的身體狀況與反應，能有正確而清楚的瞭解；同時也針對這些生、心理現象與臨床症狀，提供食補調養、運動練習、物理保養、作息建議等各種實用的自療方法，讓女性除了更認識自己的身體，也能藉由正確的方法與途徑，安然度過這兩個身心變化劇烈的關鍵期，永保安康與美麗。女性的生理，一生受荷爾蒙影響最大，從女性性徵發育、初潮來臨、懷孕生子到最後的停經都受到很大影響。

更年期的調養

在「更年期、銀髮族篇」裡，阿娘教大家如何以運動與飲食改善更年期的不適症狀，並懷抱著一顆感恩的心，面對停經後的生活。而且，她將侍奉高齡母親的經驗作為分享，從食衣住行的照顧，到心靈層面的關懷與慰藉，都做詳細的介紹，不僅對銀髮族受益無窮，也十分適合家有高齡父母的子女閱讀。她就是強化遵循自然法則的規律生活，以及懷抱感恩之心，再加上預防勝於治療的自我健康管理，去喜悅迎接人生每一個時期。

五、廚房即藥房

最好的醫生是自己，最好的醫院是廚房

許多年以來，我一直追隨阿娘在海內外推廣「自我健康管理與防癌宇宙操」的工作，如今已有幾十年了。在這期間，精通中西醫的她也曾經多次返台，常有感於國人日常飲食生活習慣的不當，例如腹部普遍脹氣、食物攝取不均衡、愛吃鹽糖混合物或油炸高熱及刺激性食物，容易造成各種前癌症狀和老化的現象，卻渾然不知，深覺惋惜。因為台灣高齡人口日漸增多，怎樣照顧高齡者的問題亟待大家關心，因此她在1988年創立了「青峰基金會」，主要推廣防癌、防老和自我健康管理的預防醫學觀念。

莊博士三餐3：2：1飲食原則

阿娘是一位力行健康保健又注重原味飲食的人，她在50歲以前身體不是很好，但是當她瞭解「健康事自己也可以把握」時，每天規律的早起，大約5點起床，先在床上做些腹部與手背的按摩和耳朵、眼睛的指壓，及伸直柔軟操等，再到戶外做些散步、擴胸伸展的運

動與防癌宇宙操，抱持對大自然感恩的心，徹底將「今天的疲勞今天消除」，每天遵循她的「3：2：1飲食原則」——

早上吃好，早上宜吃肉

中午吃飽，中午宜吃魚

晚上吃少不吃更好，晚上吃蒸粥

三餐宜吃食材的原味，尊重每個食材天生自然的味道和功能，努力實踐她自我健康管理的基本理念。阿娘時常告訴我們，人的身體健康從25歲開始逐漸走下坡，因此在這時候應當做好自我健康管理，為自己的健康存摺做好準備。

因為飲食是健康最多的來源，因此我在2016年年初把阿娘平常教導我們的原味餐整理出來，並將之出版，書名叫《國寶莊淑旂博士養生原味餐》（第一輯，莊壽美出版社出版），希望將她有關吃的養生智慧一點一滴整理出來，可以永遠傳承下去，日後我還想寫出第二輯，因為阿娘的獨家養生料理實在太多了，我只能盡力回憶一一整理，告慰她老人家在天之靈。她對飲食有其獨到的見解，她說：

最好的醫生是自己，最好的醫院是廚房；
最好的藥物是食物，最好的療效是時間。

阿娘身為名醫，眼見這麼多病患因誤食各種不健康的食物，又過著不正常的生活，而意外又悲痛的死亡；加上阿公和阿爸相繼因為癌症病逝，因此她極力痛改以前的飲食習慣，想出了這一套獨特的「3：2：1飲食原則」。現在，我到海內外演講，都提醒大家，寧可食補代替藥補，平日實踐「3：2：1飲食原則」，健康就會跟著您全家。

早餐最好吃肉、中餐最好吃魚、晚餐最好吃蒸粥（胖者用帶皮白蘿蔔汁、瘦者用帶皮紅蘿蔔汁蒸燉稀飯）。

產生熱源的養胃湯，促進胃功能，給身體熱源，產生力量。

六、今天疲勞今天消除

阿娘常說的一句話：「今天疲勞，今天消除。」如果今天的疲勞今天不消除，就會累積疲勞，造成身體的負擔，更容易形成體內器官長瘤致癌。為了擁有一個健康的身體，每天快樂過生活，希望大家響應並且身體力行，不將疲勞留至明天。

如果您有飲酒、熬夜、吃宵夜的習慣，建議有計畫地戒除，否則失去的是寶貴的健康，得不償失。阿娘也強調人體與生俱來即有自然的治癒能力，所以一日三餐攝取適合個人體型與症狀的餐食，生活作息正常，以及適當的運動，疲勞將會遠離而去。童子軍守則之一是「今日事，今日畢。」我們呼籲在自我健康管理上也要做到「今日疲勞，今日消除。」這一項守則，將一天累積的疲倦及壓力，藉由適當的按摩……等，讓自己的健康保持良好的狀態，應是一項值得做的事，有了健康，才有財富、快樂，為了您及您的親朋好友，請推廣這一個觀念。

運動，讓健康看得見

阿娘行醫數十年來，致力於食物和運動健康的研究，她看到日本、台灣富裕的社會而導致的生活壞習慣，十分痛心。她也是從台灣勤勞創造財富時代一路走下來的，深知過去台灣因為生活環境惡劣，每個人需要付出相當的勞力才能換取維生的食物，往往疲於奔命忽略了自己的健康，日積月累，積勞成疾。到了七〇、八〇年代，台灣社會富裕了，人們卻因為生活太過優逸而生了富貴病，實在令她搖頭嘆氣。

為了提升大家的健康品質，阿娘經過觀察、診治的經驗，建議大家應多運動，視每個人的時間、體型、病症而安排，例如晨間散步、防癌宇宙操……，勤作簡單的小運動，注意生活細節，相信練就一身強健的體魄，自然百病不侵。她曾經告訴她的病患：「其實她的抗病和抗癌等健康管理法，說穿了真是最簡單不過了，都是人們自己可以注意，而且很容易做到的，其目的只是使人的身心調和，讓全身的器官不老化、精神不低落，身心隨時都在喜樂中，自然就無病可生了！」

阿娘以她長久的中國傳統醫學的基礎，結合西方醫學的理論、獨創出一套自我健康管理與診斷方法。她注重的是「預防勝於治療」，更重要的是預防致癌，如果不幸致癌，她的健康法也可以有效控制病情和減輕病痛，甚或「與癌共存」！

為了大力推廣自我健康管理，她在1988年返台定居，並成立「青峰基金會」（即現在的「莊淑旂基金會」），向大家介紹她的健康管理法與健康運動，在現今忙碌的工商時代，人人更加需要一套簡易便利的健康運動，每天做每天增加一份健康，讓健康永遠看得見。

不要讓自己先生病再治病

嚴格說來，任何人都應該為自己的健康負責，換句話說，就是別讓自己生病，舉一般常例而言，有時上班忙於工作，學生熬夜苦讀、好吃不動，稍一疏忽，衣服穿少了，飯忘記吃了，懶得運動了，於是患了感冒，得了腸胃炎、體重過胖會喘氣……，然後再花錢去治療，阿娘形容這些現象是，大家拼命去「生病」，然後再忙著去「治病」，這種花錢花時間，吃力不討好的事情卻是層出不窮。

事實上，一些現代人的毛病是很容易解決的，只需做一做如拉拉耳朵、抓抓背等小運動，就可以把上班、上學、做家事的疲倦一掃而空。但是不要錯誤認知以為忙碌了一天，只需回家沖個澡，然後上床睡個大頭覺就可消除疲勞。睡眠雖然是恢復體力的一種方法，可是並非可以完全消除疲倦，所以有時候我們一覺醒來，卻是一身腰痠背痛，就是這個緣故。

阿娘在日本曾經做過一項調查，她對罹患癌症又動過三次手術的患者做問卷調查，裡面調查的項目包括體型、症狀、性別、飲食及日常生活等，在3萬6000名病患的回函中，發現癌症的病患大半是長期偏食，不良的生活習慣，沒有徹底消除當天的疲勞，於是導致身體的某一部分出現致癌的事實。在每一次公開場合裡，她都大聲呼籲「今天疲勞，今天消除」，每個人要看重自己的健康，在推廣她獨創的「中國式健康管理方法」時，她苦口婆心地言道，大家應當知道，人活在世間，要充分享受大自然所賜予我們的恩惠，當太陽升起時，我們應該起床，活動筋骨，讓身心活潑起來；太陽下山後，我們應該休息，讓一天的疲倦徹底消除。

不要吃飽馬上睡覺

一個不良的生活習慣，會使人容貌憔悴，二個、三個……更會使人加速蒼老，而且會招致疾病。平常大家都有一個錯誤的想法，吃完午飯就要睡覺，而且睡眠時間多半在30分鐘以上。阿娘指正我們，當每個人吃飽飯後，正是胃開始忙碌的時候，它要藉著不停地蠕動來消化食物，但是大家往往在這個時候跑去睡午覺，阻礙了胃的運作，很容易造成消化不良與脹氣……等的疾病。

基於以上理由，我們特別呼籲大家切忌勿吃飽就睡，因為這實在是犯了健康大忌，至少要讓食物消化2、3個小時才能入眠。在這裡，特別為大家介紹二種消除當天疲勞的按摩，效果非常好。容易染患感冒，肩胛骨和背有嚴重僵硬與疼痛者，不妨在睡前做做肩胛骨、背部、腋下按摩，請參閱下文「莊博士肩胛骨、背部、腋下按摩法」。

莊博士肩胛骨、背部、腋下按摩法

1、肩胛骨按摩

一隻手側舉，略高於肩膀，手心向後，並略後伸，眼儘量向指尖看，另一隻手繞向後背上舉，手心朝後，上半身略後仰，以指尖用力按壓肩胛骨內側，並沿著骨骼指壓、搓揉按摩而下，左右各做8次。

2、背部按摩

與1相同姿勢，由上順頸部，脊椎骨至尾骨部按摩而下，以左右手各做8次。

3、腋下按摩

雙腳並攏，收小腹，上半身略向後仰，大拇指在後半身，四指伸直在前半身，虎口要用力，揉壓幾下，再出腋下按摩到腰部，左右各做8次。

肩胛骨、背部按摩圖解

肩胛骨按摩

一手平舉略高於肩，並略後伸，頭儘量向指間看，另一手繞向後背，上半身略後仰，由肩胛骨內側按摩而下，左右各8次以上。

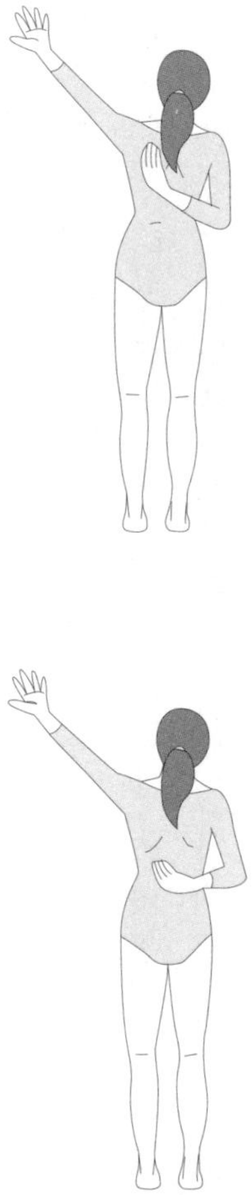

背部按摩

以雙手指尖，由上順頸部，脊椎骨至尾骨部，按摩而下，左右各8次以上。

七、不同體型吃不同的飲食

每種體型各有飲食方法

身體的形狀，除了讓人欣賞體態之優雅與否外，還是表示是否健康的最佳參考。一樣米吃出百種人，每個人的體型與健康相同，都是要由自己負責，由於每個人的生活作息、運動次數、飲食方式各異，自然產生了不同的結果，依照阿娘的標準，人的體型可分為正常體型、駝背體型、上腹（胃腰）突出型、下腹突出型四種。具有正常體型的人無論在體態及健康上都不需要去煩惱，反而不正常體型的人要改善體型，非得注意生活和飲食方式不可，當然，這不是一蹴可及，需要長時間的改善才有效果，其中毅力是非常重要的。

坊間各大減肥中心林立，有些誇大其辭給予消費者過滿的盼望，違背了職業道德，希望有心改善體型的朋友，一定要認清自己的體型是屬於哪一種，才能做有效的調整，而飲食習慣的改良是最節省、便利的方式。

如何診斷您的體型？

在自我健康管理法中，體型的自我診斷十分重要，各人的體型因各人的飲食習慣而有所不同，在中國傳統食補觀念中，食物各有一利一害，每一種食物因為吃的人健康狀況不同而產生不一樣的效果，有的人吃出健康，有的人卻吃出毛病。

比如說，為了消除疲勞，胖子適合吃檸檬加醋等食物，可是瘦子就不適合了，反而要吃多脂肪、甜的食物來補充。由此可見，不同的人有不同的方法，萬萬不可以一套放諸四海皆統一的做法去實行。一旦判斷出自己的體型，能瞭解自己目前健康的情況，預知未來可能會罹患的疾病，事先改良飲食的習慣，相信體型是可以改善的。

四種體型的特徵

阿娘認為，體型不僅與性格相關，就連氣體滯留體內的部位、易患的疾病、性生活、食物的偏好，菜單都和體型息息相關。其中，尤其是體內的脹氣，一旦滯留在胃、腸內，會壓迫周圍的神經和血，如果體內沒有脹氣，或者以飲食、按摩、體操、生活習慣等方式排除脹氣，則必能預防疾病，保持健康。所以，她按照體內脹氣容易滯留的部位和腹部突出的情形，將體型分類，現分別敘述如下，提供參考：

※駝背型

請將您的身體貼靠牆壁，腳跟和臀部、背部都要緊緊貼著牆壁，如果肩膀無法靠牆，就是駝背型。這種體型的人，肩胛骨較容易長肉，而胸部的肌肉卻很少，肩和背易有凝重的感覺，常有睡眠不夠的現象。

駝背者因為肺的下部受到擠壓，只能以肺的上部呼吸，因此肺活量很小。如果稍受到刺激，就會打亂呼吸的平衡，對外界刺激的抵抗力很弱，不僅容易感冒，眼睛也很容易疲勞。此外，便祕、下痢、肺癌等病罹患的機率相當高。如果是女性的話，生理期間較易罹患感冒。

※上腹部突出型

上腹部突出型的人肌肉厚，從胸部到胃部開始突出，常被誤認為體型很雄壯，實際是外強中乾型。這種體型的人胃部容易積存脹氣而突出，經常打嗝，晚上就寢前會有不吃宵夜就無法入眠的習慣，所以常造成胃擴張，吃得太飽，營養太多，運動不夠是此體型者容易感冒的主因。

而胃部容易積存脹氣，所以肺部時常被由下往上壓，呼吸運動相當不順暢，使得在感冒時會出現肩膀痛、頭痛等症狀。

※下腹部突出型

下腹部突出型的人肌肉少，肚臍以下的下腹突出，整個內臟往下垂，肚腹完全鬆弛。因為平日喝太多水分，嗜食湯泡飯等類食物，又加上營養不夠而形成這種體型。

下腹部突出者極易積存脹氣在下腹內，要多留意手腳等身體末梢部位的冰冷。常罹患的疾病有胃下垂、胃癌等消化系統的疾病。如果是女性的話，易患子宮癌、乳癌、乳腺腫、子宮筋腫等婦科的疾病。

※標準型

標準型係指沒有以上三種體型的缺點，亦即體內不積存脹氣且體重合乎標準的體型。我們大家追求的就是這種體型，只要繼續維持下去，健康常伴隨您左右。

體型別特徵一覽表

	體型	腸內氣引起的症狀	性格	易患的疾病
駝背型	・肩胛骨多肉即胸部薄 ・背骨彎曲前傾	・胃腸均易滯留氣 ・肩、背及腰常有凝重感	・神經不安定 ・感情的起伏大 ・給人冷漠的印象	・呼吸器官症狀 ・肺癌 ・易患便秘或下痢 ・易長鼻息肉 ・容易感冒 ・掉頭髮 ・容易失眠
上腹部突出型	・壯碩的身體 ・肌肉厚有些胖的感覺 ・胃到肚臍突出	・胃部易滯留氣，常打嗝 ・背的中間部位容易酸	・自己的主張較強，不易接受他人的意見 ・強行、勤快	・胃擴張 ・高血壓 ・糖尿病 ・肝臟病 ・心臟病 ・前列腺癌 ・關節痛
下腹部突出型	・肌肉薄 ・肚臍到下腹突出內臟下垂	・下腹部常滯留氣，腰、手腳指尖等四肢末梢部位冰冷	・有耐心接受別人的意見 ・缺乏主觀性	・胃下垂 ・胃癌 ・內臟下垂 ・低血壓 ・子宮癌 ・乳癌 ・骨刺 ・貧血

四種體型

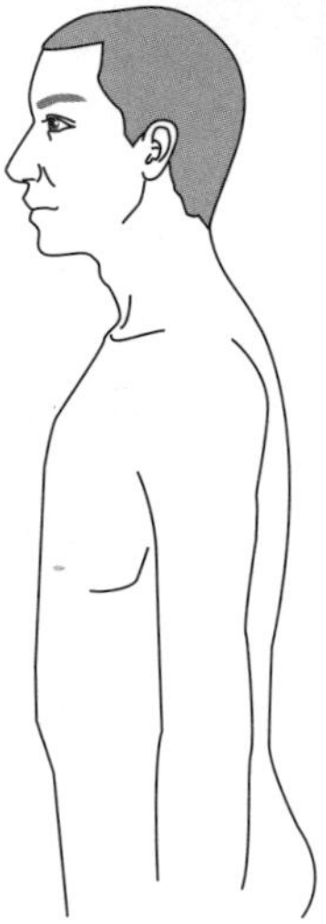

1. 標準型

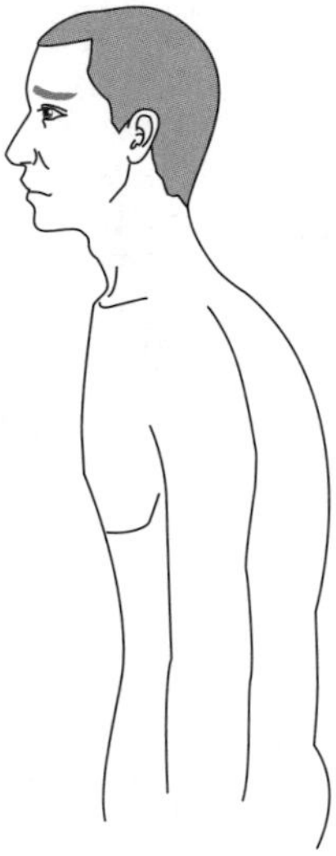

2. 駝背型

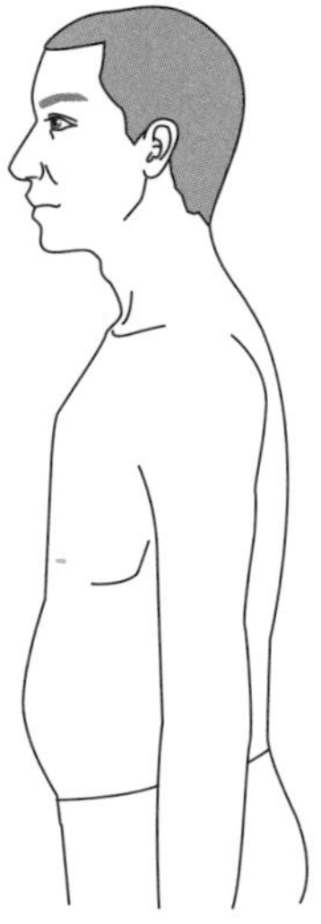

3. 上腹部突出型

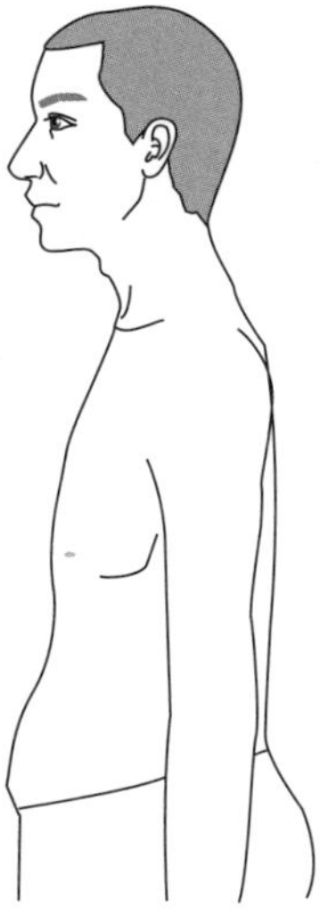

4. 下腹部突出型

改善四種體型的飲食法

正常體型的人，維持平日的生活與飲食習慣即可，現在針對其他三種體型的人提供一些改善體型的食物：

※駝背型

駝背體型的人，平常是個神經質的人，容易受驚嚇窮緊張，也很容易疲憊。此類型的人應儘量不吃辣的食物，以免神經更加不安定，身心不協調。

由於駝背體型的人有偏食的不良飲食習慣，所以建議您改吃單味飲食，特別是甜、酸、鹹三種味道不要混在一起吃，免得使自己的神經產生混淆的感受。我們知道人的情緒一受干擾，食慾、消化力都會下降，而神經質的人最怕處於不穩定的狀況，倘若消化減低，吸收營養的力量自然也削減，造成體內積存過多的脹氣，如果故意漠視這個問題，體型當然沒有辦法獲得改善。

駝背型的人應排除萬難，盡全力去修飾自己的體姿，以便能改良為正常的體型。反之，會引發各種疾病，特別是呼吸器官系統的前癌症狀。既然此類型的人易神經不穩定，所以在飲食方面不吃刺激性、興奮性的食物，盡量拒絕干擾神經平衡的飲食方法。

可吃食物　毛豆、碗豆、碗豆夾、敏豆、干貝、菠菜、生菜沙拉、綠菜花、貝類、海藻類、綠色蔬菜、鮑魚、蚵、蛤蜊、雞肫、牛豬舌、尾、心、甘藍菜、芽甘藍、蓮藕、蘿蔔、茼蒿、慈菇、植物性油（大豆油、玉米油）及葡萄、楊桃等盛產期水果。

忌吃食物　火腿、香腸、臘肉、豬肝、芥茉、辣椒、青椒、胡椒、薑、辣油、山韭菜、蔥類，大蒜、咖啡、糖、煎餅、小甜點、烤焦的麵包、烤魚、烤肉、馬鈴薯片、鍋巴、燒餅等。

其他的菜色，如以糖、醬油和在一起的煮食，醬油熬煮加糖又如鹽、火鍋等的東西切記要忌口，更不可以將冷熱的東西混著吃，食物上可淋些白蘭地或威士忌作調味。

※上腹部突出型

上腹部突出的人，往往是因為吃東西吃得太多、太快，造成體重過重所致。此類型的人在早、午、晚三餐份量分配上，建議改為早三、午二、晚一的飲食法，勿食宵夜，而且需要吃一些較涼性、酸性的食物可加醋或檸檬等，並使用葵花油、玉米油來刺激新陳代謝。相反地，甜食、油炸食物、刺激性食物、烤的炒的食物都應該避免去吃。上腹部突出的人，時常有疲勞的感覺，如果想解決這個困擾，以及上腹突出的缺點，希望在晚餐的份量盡量少一點，如果能夠不吃是最好的了。

可吃食物 生魚片、生蘿蔔、瘦肉、牛舌、雞肫、果汁、生拌沙拉、麵、海藻類、筍、蒟蒻、牛蒡、白菜、大芥菜、南瓜、青色番茄、豆腐等及鳳梨、西瓜、檸檬等水果。

忌吃食物 香腸、火腿、燻肉、烤土司、烤魚、烤肉、糖、餅乾、油炸物、牛油、多脂肪的肉炒的菜、芥菜、薑、辣椒、胡椒、咖啡、蔥、大蒜、咖哩、芥茉、鍋巴、煎餅、炒的菜色、炒的豆類等。

※下腹部突出型

此種體型的人避免吃寒性與酸性食物，這些不但造成內臟下垂，而且也會壓迫到鼠蹊腺，造成下肢神經痛，甚至舉步難行。作菜時可用胡麻油，或以葡萄酒調味，並要少量多餐，水分限一百c.c.一次量，飯前須休息10至20分，且平時忌拿6斤以上重物，並須綁腹帶，才會吸收營養，且不會腰痠。並可吃刺激性的東西、脂肪多的魚、肉類和甜食。

可吃食物　臘味、香腸、火腿、青魚、雞皮、帶皮的肉、牛尾、雞翅、豬腰、牛油、豬油、大蒜、山韭菜、薑、辣椒、芥茉、蔥、咖哩、胡蘿蔔、肝臟、肫等。少量烤的食物、餅乾、糕點在飯後吃，木瓜、桃子、荔枝等水果亦好。

忌吃食物　醋、檸檬、鹹梅、草莓、柑橘、沙拉醬、青番茄、番茄醬、酸乳酪、生蔬菜、生水、生雞蛋、生魚片、紅花油、茶拌飯及麵、海藻類、竹筍、蒟蒻、牛蒡、白菜、醃白菜、酸菜、南瓜、大芥菜、豆腐等。

莊博士主張「這樣吃最健康」

改善體型的飲食法，我們做了很多建議，在觀念上，阿娘主張「這樣吃最健康」。

(1) **三餐的質量要相當**

阿娘向來支持中國人的養生之道：「早餐吃好，中餐吃飽，晚餐吃少，不吃更好。」這種養生之道和人體各器官的運作，確實有不可分的關係，因此她提出「早三、午二、晚一」

三餐份量的分配觀念，早餐應該質量要好且多，中餐要重質但量要少一點，晚餐最好吃素，量也要少一點，不吃更好，換句話說，如果晚餐的量是「一」，中餐是「二」，早餐就是「三」了。

早餐的菜單，可以吃肉、或用肉汁煮的蔬菜、豆腐、雞蛋等，營養均衡；中餐的菜單，可以吃魚為主或少許肉及蔬果；晚餐的菜單，要以清淡的蒸粥、蔬果為主，佐以少量的魚肉，絕不可以吃大量的肉。

瘦弱型的人，建議您吃動物性脂肪，但不宜吃酸性食物；肥胖型的人，就寢前應空腹，不宜吃動物性脂肪，及有刺激性的食物，料理食物時，可加少許的醋、檸檬。

(2) 偏食怎麼辦？

有偏食習慣的人，可參考「潤餅捲」（春捲）料理，建議您儘量嘗試各種食物。三餐的菜單，量少但樣式要多，在嘗試的過程中，不要心急，逐漸調整，如果厭惡吃的食物，一次只吃一些，種類儘量多一點，如此進行下去，慢慢地就可以戒除偏食的壞習慣，而且又可改善不好的體型。

時時維持均衡的飲食，肉類、菜類、水果都吃一些，對身體的補充大有益處，只是肉類宜在早、午餐吃，晚餐吃些燕粥、蔬果即可。

(3) 如何咀嚼？

一般人吃東西只記得如何分配份量，該吃什麼，不該吃什麼，可是往往就忽略了咀嚼的重要性。咀嚼，是「吃」的方法。咀嚼的方法不對，也是影響健康的因素之一。用餐的時候，老人家常常勸戒我們不要說話，其實這很合乎健康之道，因為一說話，空氣跑進腹內，影響消化又造成脹氣。阿娘提出的正確咀嚼法是這樣的：

吃東西時，緊閉雙唇，人中（鼻下的凹線）要伸直。

食物進入口內，先用左邊的臼齒，上下用力的咀嚼，再用右邊的臼齒，上下用力的咀嚼，最後再用上下門牙咀嚼，每一口都充分咀嚼以後，再吞食下去。

以正確的咀嚼方法吃東西，讓食物和唾液充分混合，除了增加胃液、膽汁的分泌外，還可協助消化。尤其是高齡者，更要鼓勵他吃東西時，儘量用「咬」的方法，用力咀嚼時，可以刺激唾液的分泌，而且牙齒咬東西後發出的聲音，可以吸引耳朵去聽，耳朵會聽，頭腦就會動，也就不會退化。通常可以咬硬食物的高齡者，身體都是比較硬朗的。

正確的咀嚼法，不僅可以吃出健康，也可預防皮膚老化，使皮膚具彈性又有光澤，愛美的女性讀者不妨時時「咬」東西吃。阿娘說：「吃東西的時候，最重要的地方是儘量慢慢地咀嚼，記得緊閉嘴唇，將人中伸直，勤動左右兩邊的臼齒，要活動到耳根下面，讓上下顎部有充分的運動才是正確的咀嚼法。如此不僅使臉部表情生動，而且能分泌唾液幫助消化，產生脾臟活性化的功能，脾臟是管血液及支配頭部、四肢的重要器官。皺紋多或是容易有皺紋的人，用這樣的咀嚼法最恰當不過了。」

(4) 什麼是原味與單味食物？

原味與單味的食物要如何分別呢？

簡單而言，吃原味的食物就是吃食物原來的味道，不加添任何調味料，沙拉、蕃茄醬等，而吃單味的食物就是吃單一味道的食物，舉例來說，就是吃甜的時候只吃甜，吃鹹的時候只吃鹹的，兩種以上的味道不可混合吃。駝背體型的人一定要吃單味食物，因為這類型的人神經容易不安定，一旦各種口味的食物混著吃，會促成神經發生混亂的情形。

阿娘常強調取之自然，用之自然，大自然賦予我們各種食物的來源，每一種食物都有它獨特的味道，吃食物的「原味」有助於健康。但是中國人在烹飪料理上，講究「色香味」俱全，時常在烹飪時，加添了不少的調味料，反而把原味給蓋住了，所以她建議大家儘量少用調味料。

台灣因氣喘病過世的人很多，而氣喘病的主要原因之一，是「糖醋」造成的，對神經衰弱的人來說，「糖醋」就是他的「隱形殺手」。中國菜的做法，最常見的就是「紅燒」和「糖醋」，這兩種烹飪做法，就是糖加醬油、糖加醬油和醋，這樣將調味料混合食物，卻是犯了健康的大忌。

胃在運作的時候，對單一口味最容易吸收，也不會造成吸收神經的混淆，無論甜加酸、鹹加酸都是干擾神經，造成錯誤的吸收，十分容易促使神經性疾病的發生。

(5) 可以冷熱混吃嗎？

在日常生活裡，由於忙碌的腳步常常讓我們有冷熱混吃的機會，如果不去注意這種習慣，很可能會釀成大病，自己卻毫無所知。冷熱混吃對人體是一種殘害的吃法，會影響橫隔膜的運作，干擾了胃神經，降低了消化能力，於是產生容易疲勞的症狀，更會種下神經性疾病的病因。

阿娘認為喝飲料的時候，冷的就是冷的，熱的就是熱的。千萬不可在熱開水中加入冰塊，要有耐性等或設法攪拌使熱水冷卻下來。喝冰飲料也是如此，如果不想喝太冰，也不可加熱開水進去，也要有耐心地等待。尤其有嬰兒的家庭在沖泡牛奶時，不可因為嬰兒等不及哭鬧起來，而臨時將已沖泡好的熱牛奶又加些冰水，讓牛奶溫一點，好餵嬰兒喝，這是一個很不好的習慣。

此外，有些人在喝熱咖啡的時候，常從冰箱裡拿出冰奶精，和咖啡摻雜在一起，這也是冷熱混合的一個例子，對身體非常不好又如吃熱辣咖哩飯時喝冰水更是糟糕。還有些地方是我們常忽略的，一些食物和調味料本身屬性有冷有熱，也不可混著吃，如太白粉屬涼性，胡椒、辣椒、薑屬熱性，炒菜時如果加薑又加太白粉，就會擾亂神經了。

八、高齡樂活族怎樣生活最健康？

高齡者要如何生活得很健康呢？讓我們來看看我阿嬤的一天，這是我阿娘精心幫她打理設計的，所以她常笑說這個高齡者過的一天應該稱為「莊老太太的一天」，提供給每一個有高齡者的家庭，從這些經驗、建議，就能讓您們的長輩過得快樂又健康了！

勤梳頭髮就是頭部運動

阿嬤在入睡前，一定會將髮髻打開，將頭髮做很徹底的梳理。其實，阿嬤在書裡的過程中，她的手就已經在做運動了，因為手和手腕都必須提高、出力，才能對頭髮做充分的梳刷，而頭皮在經過梳子的刷過以後，穴道都受到充分的刺激，全身的疲勞就容易消除。因此，阿娘很鼓勵高齡者留一點長頭髮，因為無形中會多一樣不費力卻有效果的運動喔！尤其精心梳理後，賞心悅目，若再插上一些香花，會更讓人美麗萬分！

每天能動手動腦

阿娘在日本必須在上午9點前抵達辦公室，而且阿嬤也有工作要做，她的工作就是在每天的來信上蓋上日期外，還要用剪刀拆開封口，或者為要寄出的資料裝袋和封口，她做事很仔細和整齊，這些工作她做起來游刃有餘，阿娘也發薪水給她，表示對她的尊重和肯定。事實上，阿娘設計這些工作給她是很用心的，因為用剪刀時手一定要用力，而手動，腦就會跟著動，這是讓腦不提早退化的好方法。

每天上班日約莫到上午10點到10點30分左右，是阿娘口中說的喝茶時間，她會暫時放下手邊的工作，牽著阿嬤的手到辦公室外面散步，大約會花15分鐘，讓她有機會活動筋骨，呼吸一下自然的空氣，看看藍天、綠樹，剛好辦公室就在日本皇宮附近，環境優雅，空氣新鮮，不過也要感謝阿嬤肯和她配合，讓她公私兼顧，並且證明老人家的資源是可以發揮的。她和阿嬤散步回來後，她就要稍作休息，然後準備和大家吃便當，阿嬤不諳日語，可是她很喜歡和別人說話，所以她就充當阿嬤的翻譯官。飯後，阿嬤有刷牙漱口的好習慣，除了衛生上的理由外，更可保持老人家口腔的清潔和心情的清爽，這一點也是子孫們要輔導高齡者去實踐的，刷牙應該是睡前、起床後和三餐後要做的事。

種植花草植物

阿娘還派了一個工作給阿嬤做，那就是每天在辦公室為綠色植物澆水或為鮮花換水，目的是讓阿嬤有充裕的活動和欣賞植物的生長變化。阿嬤本來就很喜歡植物，即便阿嬤往生後一年，在院子裡還是到處可欣賞到阿嬤栽種的甘藷草、九層塔、木瓜樹和橘子樹。她很鼓勵高齡者種一些好生好長的綠色植物，例如像白或紅蘿蔔的頭切下，浸泡在水裡，7天以後就會長出綠芽；整棵的甘藷或洋蔥浸水數日，也會長出嫩芽，把這些嫩芽拿來煮湯吃，可是美味極了！而且，高齡者看植物成長，會有欣欣向榮的喜悅，可以體會生命的韌性和力量。現代人鼓勵高齡者養寵物，除了情感上的慰藉外，也是生命與生命之間，產生惺惺相惜的親密感。

多做簡單的家務事

在家裡，洗碗筷的工作由阿嬤負責，並非阿娘故意虐待她，而是洗碗筷對老人家有益。特別是在水柱下，用雙手搓洗筷子時，老人家看著水流，聽著水聲和筷子相撞發出的聲音，手心、手指也受筷子的摩擦而運動了，這些連續的動作都是在鼓勵腦部運動，腦一旦長時間不動，就會退化而變癡呆了。而洗碗時，最好不要使用洗碗精，改用麵粉洗碗，既乾淨又可保養皮膚。

平常，阿嬤自己洗衣服，也曬衣服，也許有人會說阿娘怎麼讓老人家做這麼多事，殊不知阿娘是用心良苦的。通常，阿嬤曬衣服時，會拿「Y」字型的竹竿來協助，才能將衣物掛上，而當阿嬤在曬衣服時，頭會抬高，手也會抬高，抓竿的手掌也跟著運動了，於是阿娘的目的達到了，因為這是一個「伸展」的運動，雙腋下很少有機會運動的淋巴腺也被拉開了！阿嬤到90歲臂部的肌肉還是很結實，一點兒也沒有鬆弛的現象，這對愛美的阿嬤來說，是很引以為傲的。

就這樣，「莊老太太的一天」充實地過去了，最後阿嬤很快就進入甜蜜的夢鄉，當然，她是先散髮，用梳子梳理長髮刺激穴道、疲勞消除後才入眠的。

睡前洗三段式的清心澡

阿嬤在睡覺前，會洗一個10分鐘三段式的清心澡，所謂三段式請見下頁圖示：

消除疲勞的三段式沐浴法

（米酒、薑、鹽適量放入）

❶ 雙腳放入已加入適量米酒、薑、鹽，且溫度適中的特殊熱浴水中，先讓腳浸泡六分鐘，會感覺一股熱氣往上衝，全身的氣血循環，微微出汗。

❷ 水量高過膝蓋五公分，用雙腳腳跟的內側部位互相摩擦再互相撞擊，然後再以腳跟互踩腳趾尖，仰頭，頸靠缸，吹口哨，或輕聲唱歌，以放鬆心情。

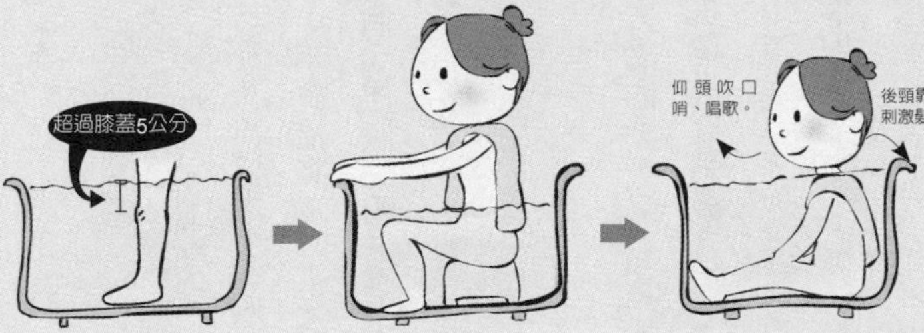

雙腳腳跟內側互摩擦，互撞擊，再互踩腳趾尖。

放小凳子坐下，水過肚臍，用小背心或毛巾披肩，以免受涼。

放鬆心情，仰頭吹口哨，後頸靠缸，刺激髮際，令頭清醒！

圖／三段式沐浴法

❸ 坐入放在水中的小矮椅上，讓水淹過肚臍約三分鐘，上身最好披個浴巾，以免著涼。此時可以按摩眼睛、耳朵、髮際和頭部，對消除疲勞有很大的幫助。

❹ 身坐入浴缸中，水淹至肩膀，浸泡約二分鐘，同時做腳底的按摩，並且輕聲唱歌，放鬆心情。

❺ 沐浴時，不可忽略腳板心，要常按摩它，也可用浮石按摩腳部更佳。

❻ 沐浴時間不宜過長，發汗的時候就要儘快離開浴缸。在床上鋪上大毛巾，躺在上面讓汗自然流出，等汗流完，用溫水沖洗並擦乾身體（勿開冷氣也勿吹電風扇），稍微休息後，再進食。

❼ 泡完後，切記不可喝冰冷的水或飲料，也不要吹冷氣或風扇，讓汗自然流乾，也讓身的氣、血自然通暢。如果口渴的話，可以先放一瓶罐裝啤酒於浴缸內，浴後溫熱緩飲絕佳！

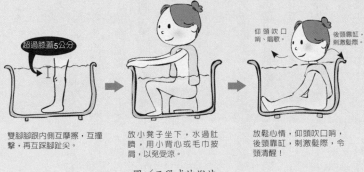

感恩篇

一顆回饋的心

一、接掌基金會，推動公益活動

阿娘當初在日本成立基金會的原委

女性台灣人在日本成立基金會，阿娘是第一位，至今她都還保存著當年申請的小冊子，會成立基金會，也是不得已的。1966年，「財團法人國際癌體質改善研究會」成立，她不僅將龐大的問卷調查成果公諸於世，同時還和伊勢丹、高島屋……等百貨公司及其他社團合作辦活動、做展覽和演講，活動中教導民眾如何做防癌宇宙操，如何製作可以排除體內脹氣的菜脯、預防感冒的杏仁豆腐，每一場健康講座都非常轟動，而且是日本全國巡迴展，甚至製作四種體型的食譜銷售日本各地，深受好評！

至今，我還記得每天一大早和阿娘在明治神宮內運動後，就趕回辦公室處理一些事情，然後就和她拎著大包小包趕到百貨公司，辦演講分享會和防癌宇宙操的教學。在暑氣炙熱的夏季，或在冰雪封天的季節裡，我將厚重的資料包放在推車上，有時必須使盡力氣，才能把承載過重的推車，推動一下，有時為了方便工作，脫下鞋襪，光著腳狠命地推動滿車的郵件和包裹，送到隔壁NHK內的郵局，以便送達日本全國。不管是暑熱或天寒地凍，不管是汗流衣衫或手腳凍到發紫，然而在當時的心境，還真覺得是無上的光榮和愉快，因為來聽的觀眾多到真可說人山人海來形容，看到他們對她的崇敬和有如偶像般的追尋，我好感動，常常和他們一樣地高喊著：「莊博士，我愛您！」，圍繞在她旁邊的粉絲紛紛要求簽名，她一邊簽名，一邊回答問題，有時為了病人的需求，還直接到病人家去指導，她總是把握救人機緣，全力以赴。

我是親眼看到阿娘在日本受到推崇的地位，我一直打電話催促學西醫的姊夫、弟弟、妹夫及妹妹們一塊到東京幫她的忙，只是他們每次都是那句話：「我們對阿娘所提的醫療方式缺乏信心、興趣。」還拜託我下次別浪費電話費打來。他們的想法常常是她引以為憾的事，她總希望能中西醫並濟，但最後這幾年，他們也看到這個寶貴的知識，都紛紛與我站在一線上為客人服務了！雖然是晚了些，可是這真是我們當初所沒有想到的大事！

那時候，阿娘因為擔任「主婦之友」的醫學諮詢工作，針對每位諮詢者的症狀，提供漢方及生活上的注意事項，日本全國慕名而來諮詢的人不計其數，她又出版一本《青春永駐的生活與飲食》的保健書，短短不到3個月的時間，這本書就暢銷了90多萬本，一年時間就發行了200萬本，加上《朝日新聞》記者柴田勝章先生的詳實報導，引起極大的回響，從全

日本各地雪片般飛來的諮詢健康信函，和購買書籍等其他東西，就高達數百萬封，有一位木村老先生自告奮勇的負責接聽來自日本各地的詢問，累得接到兩手一攤躺在沙發怎麼也叫不醒，事後直呼過癮。另一位男性職員，當他接到女性電話說：「我月經來了，好痛怎麼辦？」時，他臉紅得不知要如何回話，但他說：「因為接電話，才知道做女人每個月的辛苦，以後要多疼愛太太。」

而我則是每天忙著郵寄信件，將成千上萬的信件和書，用推車一車車的從地下室推到隔壁NHK的郵局去寄，另外要忙著點數鈔票，因為來詢問問題之外，還有寄錢來買書的，一本1200元，數小張鈔票都數不完，還要勞煩銀行派人來辦公室點鈔，100元銅板放滿一個如中型的餅乾盒，共1萬元日幣，不知有幾百盒呢！那時候是我看到鈔票最多的時候，每天都非常忙碌，幾乎要忙到三更半夜，毫無休息的時間，但內心卻非常快樂和滿足。

在日本漢醫是被稱為東洋醫學，經阿娘大力的提倡，並強調許多疾病的發生都是因為吃不對飲食和不良的生活習慣所造成的，要想改善體質，就要從生活習慣著手，很多病人都是聽了她的建議，經過幾年的執行，身體都獲得很好的改善。

在日本阿娘又出書，又上電視節目，她已是日本家喻戶曉的健康達人。1977年，她又創立了「國際家族防癌連合會」這個民間團體組織，參加的人有2萬人之多，其中成員有些是家屬有人罹患癌症或是本身為癌症患者，在會中每一位都是熱心的義工，大家根據她的義工分組，例如有人分在易寒體質組，有人分在懷孕組，有人是分在生理期中的女性服務組、產後的女性組別、更年期的女人組別，她是依照不同症狀做分類，由曾經患過該症狀的人負責服務各個組別的對象，我們義工每天的工作，是將各地寄來的諮詢信件先做分類，再按照阿娘的指導，一一做改善症狀的對策及保健方法，我的日語起初都不通，但我憑著對漢字的認識及猜測，加上比手劃腳，竟然可以和大家溝通。

阿娘的方法很科學，不同症狀用不同對策，例如癌症病人最怕感冒，她的對策是：「每天晨起時，雙手搓熱後，摀住口鼻，避免吸入早晨的冷空氣，而打噴嚏，自然就能避免掉感冒……等。」這些都是簡單易學的，義工學會了，就成為種子隊員，繼續教會更多的人，久而久之，這群義工大隊就成為了一支強而有力的保健推動部隊了。

勉強會和愛敬會辦得有聲有色

在日本阿娘稱之為「勉強會」，又稱為「學習會」，她教導的內容是，學唱「會歌」，或握緊拳頭健康之歌，這些歌都配有手的按摩動作，配合著歌唱加動作運動到全身不易動到的末梢神經與肌肉，一下子就汗流夾背，又做防癌宇宙操及癌症對策的各種按摩指壓法，每一年「勉強會」都在日本東京召開大會，會中彼此交流，會員大部分身穿一襲中國式的旗袍，多年來都是辦得有聲有色。

這一套模式也在阿娘返回台灣後，陸續展開，她希望成立「國際家族防癌分會」，邀請全台21縣市長做發起人，由有愛心的癌症家屬或患者共同來推動，並和地方衛生局、社會局、教育局配合調查，讓全縣市民眾一起參與，經由這種義工方式的推廣，讓很多病患病情獲得改善或病癒的情形相當多。阿娘很高興地說：「能為家鄉人做些事，一直是我的心願。」

在日本有個「愛敬會」組織，是由一群接受過阿娘指導過後的癌友，他們經過一場生死交關的奮鬥後，勇敢地活下來所組織而成的，成員有幾十個人，每年有2次活動聚會，通常都會在母親節前後來台，他們親自在阿娘面前唱歌跳舞，以此回報對阿娘的感謝，讓他們得以重生，這樣的活動一直到2009年阿娘宣布退休前都在進行著。阿娘在日本、在台灣所播下去的種子，逐漸開花結果，每一年，我和妹妹靜芬、弟弟再生醫學博士都負責接待遠道來台的「愛敬會」會員，看到他們分享重生後的喜悅，無形也感染了我們，2016年9月下旬靜芬也到日本東京代表阿娘家屬參加「愛敬會」的活動。

當么弟再生病逝後，由我接掌莊淑旂基金會的會務運作至今（2016年），我努力地按照阿娘的想法去執行基金會的目標，因為以前阿娘都是無私的奉獻，到

2013年3月16日、23日、30日三天，莊淑旂基金會假台北市立聯合醫院舉辦「防癌宇宙操種子老師培訓班」。

陽明山會館是莊淑旂博士舉辦教學活動的地方，希望重新整理，設立「莊淑旂博士紀念會館」。

2013年3月30日，參加莊淑旂基金會主辦的「防癌宇宙操種子老師培訓班」學員合照。

2013年3月24日，莊淑旂基金會召開理監事會議，莊壽美董事長（身穿紅背心者）主持。

了再生接任也是如此，右手賺到的錢，左手則貢獻到基金會去運作會務。到現在，我和我雙胞胎的長女惠如二女兒美如也是如此，我們非常盼望社會人士可以贊助基金會，讓我們可以實踐更大的夢想，推廣健康的觀念和防癌宇宙操到全台各個家庭，這樣生病的人減少了，對台灣也是一大貢獻！

除了基金會的會務外，阿娘在台北近郊的陽明山設立了一所會館，在這裡時常舉辦教學活動並陳列由「廣和堂中藥鋪」搬過來的老古董、她的一些文件紀錄。現在，阿娘已離開我們，我很希望盡快籌資在這裡設立「莊淑旂博士紀念會館」，舉辦推廣教學的活動，也呼籲社會有心人士可以一起共襄盛舉，成就這個美麗的夢想。

二、改良防癌宇宙操，推出2.0版

光腳吸地氣，吸足日月精華

在我每一次的演講中，我都要強調「光腳吸地氣」的重要，清晨大地正吸足了日月的精華能量，土地中充滿著無限的生命力，把鞋子脫下來，光腳踩地，一股地氣直竄心口，一天的活力，就可充沛不已，我和阿娘近40多年的相處，都有養成光腳踩地面的好習慣，她89歲時，仍然精神抖擻。曾經有一位上班族小姐問我：「為什麼整天工作下來，精神不好？」我請她先養成每天清晨露水被太陽曬乾後光腳踩地，並做一直線的散步法，不到7天的時間，她來電告訴我：「真的很有效呢！」讓我好開心。

現代人每天活在四周都是高壓電、電場、磁波、電腦、手機的環境中，從頭頂吸進來，直灌腳底，然而腳部都穿著永遠是無法透氣、又無法將頭部、身體上的靜電、磁波傳導入地的厚重、膠底或化纖製作的鞋底，造成我們身體昏沉沉，不清朗，難怪會天天無精打采，疲憊不已，所以我倡導抗老年輕的自然法，第一招就是「天天光腳吸地氣」，不論是在公園、山上、草皮或自家庭園裡，每天最好有半小時光腳走走路的習慣，如果天氣不好，或下雨天，可以在家中，面向東方，將窗戶打開，腳上穿草編的拖鞋，一樣有腳踏青草地的效果。在辦公室工作的人，也請把握光腳機會，偶爾有要脫掉鞋襪，紓放一下腳丫子，或是買雙草編的拖鞋，隨時換穿紓解腳的緊張壓力，我和阿娘向來不穿襪子，除了冬天太冷了會穿外，所以我們的頭腦都很清晰幾乎沒有頭痛過。想想看，我們常常逛街逛累時，就需要找張椅子坐一坐，因為一直站著腳的筋肉會呈緊張狀態，所以累了，就要坐一下，脫下鞋子，讓腳舒服一下，如果隨身攜帶一個打高爾夫球的小白球，讓腳掌踩住球，用腳滾動幾下，腳的疲勞感自然就會消除了。

和自然打交道，不用花錢，每一個人都能做到的事，每天清早，我和阿娘到北投的三清宮附近散步，總會遇見一位50多歲的歐巴桑，她也是天天來登山散步，她告訴我說：「我沒有時間生病，年輕時先生愛賭欠下大筆債，丟下四個孩子跑掉了，我只好咬著牙白天幫人做自助餐，下午到人家家裡幫忙打掃，一個人身兼數職，養4個孩子，一直告訴自己不能生病，上健身房沒錢，只能天天早起上山運動顧好身體。」她真是很有心，方法跟阿娘所倡導的健康法相同，她表示，每天上山走路花一小時，山上有個土地公廟，她總是上第一柱香，求上天保佑她和子女平安，並將廟前四周環境打掃一下，在做做甩手功、伸展體操；運動後花1小時徒步回家，在她每天上山下山的路途中，她一面欣賞沿途風景，一面將心情放鬆，把不愉快的事學會在當下放掉；回到家再泡澡，把一身運動的疲憊抒發出來，她笑稱：「連毛細孔張開的感覺都能感覺到，十多年來我從沒生病過。」聽她的敘述，我很感動，真是一位有智慧的女人，她泡澡用鐵桶，因為要省錢，木桶太貴，時間到了又要汰換，所以她的鐵桶十多年來不曾換過。這樣執著的人，她們的精神都值得學習，阿娘對這樣的人，十分推崇，像有一位沒有雙掌的先生，每天勤奮的製作大木桶，沒有手掌，用手臂的力量去圈木桶的鐵圈，咬著牙齒，用心去做，這種堅持的精神都是很感人的故事。

簡單又自然的養生法

我的養生方法很簡單，主要跟著自然走，每天清晨4點多就起床，盥洗後就上山運動一到兩個小時，運動後到陽明山或在家裡洗個三段式的溫泉澡，通常泡完溫泉澡後，我全身不穿衣服，躺在一塊大毛巾上小睡十分鐘左右，不喝冰水、也不吹風，讓汗自然地流出來，汗流乾淨後再用水沖洗乾淨，用毛巾擦拭好，在更衣進食豐富的早餐，一天都很有精神，吃早餐時快樂地吃肉、麻油雞、青菜、蛋、水果，充分吸收、快樂工作，頭腦清明不少，隨後再展開一天的活動。整天活力充沛，精神抖擻！

我曾經看過一本印度研究瑜珈方面的書，書中說明人的身體組成在梵文中，稱為

“prakruti”，意思是「自然」，而疾病狀況則稱為“vikuti”，意思是「脫離自然」。人的身體組成是由不同的生活習慣、飲食的偏好及性格傾向所合成的。其中有些是很難改變的，人類是習慣性的生物，然而我們經常不知道這些習慣正在形成，直到這些習慣變得太強而生病，才感到事態嚴重。

要從「脫離自然」到「自然」，要停止壞習慣並恢復平衡的組成，最好的方法就是接受一個正性的習慣，而這個習慣將逐漸取代壞習慣，我的阿娘在89歲的時候，數十年如一日，每天都早起，到公園或山上散步並做伸展動作的防癌宇宙操，跟大自然接觸是她的基本信念。她從50歲開始每天早起散步，一來和大自然多接觸，二來一面走路運動，一面自己反省、思考、休息、想問題的解決方法，一天中總要反省十幾次。我也習慣早起散步，有時陪阿娘去，有時和三、五好友一塊，享受大自然所帶來的魔法力量。

研發太陽神功，向陽光尋找力量

你是晚起作息的人嗎？請趕快改變這種「脫離自然」的習慣，健康快樂的一天，就從清晨開始，向著晨起的陽光吸收陽氣的精華，伸展身體，拉動萎縮一夜的軀體，利用公園裡的坐椅、大樹樹根、欄杆護階，將身體做自然的放鬆與伸展，並做大自然深呼吸的動作，尤其在飯前每天做幾十下深深的呼吸動作，可以讓腹部多餘廢氣與脂肪消去。深深吸口長氣，吸到不能再吸為止，再深深地、慢慢地完全吐出體內穢氣，這也是一項很好的氣功法，利用新鮮的空氣來清潔我們的身體，活化我們的心靈，頭腦清新的一天，就從早晨開始了。

清晨4、5點，太陽還不刺目時，已剛剛升起的微弱陽光最佳，來做一個太陽神功，先面對東方的太陽充電，睜開雙眼直視太陽，不要闔上眼睛，讓眼睛直視到流出如廢水的眼淚來，會感到雙眼舒暢明亮，此時陽光的能量也會由眼睛進入身體，讓宇宙的陽氣與精華，強健我們的眼睛與身心。

雙手高舉貼耳，儘量往上提升，暫時脫離地心吸引，會加速血液的循環並促進新陳代謝的速度，心靈同時也會恢復它的強度。只要我們學會放鬆，這未知的能量來源總是會一直供應我們，所以學會放鬆對維持身體系統的循環運轉是非常重要的，因為任何生命體無時無刻都需要宇宙的無限力量。阿娘在日本留學8年，不曾回來過台灣，她是如何解鄉愁的呢？每天早上她會爬上慶應大學的樓頂望著天空，大聲呼喊阿嬤和孩子的名字，向太陽光尋找力量，讓她有撐下去的勇氣，而我也是用這種方法，將能量充滿我的身心，也讓自己緊張的生活能夠得到紓解。

太陽是我們所有不同能量的來源，太陽的節奏就是我們整體存在的紀律，如果有一天它的溫度下降了，就沒有生物（包括人）可以在地球生存了。我們的體溫是由太陽所調節，它盡其所能地來治癒身體上任何的不適。太陽的溫度，是人類得以在這個星球上，從極寒冷中一直存活下來唯一希望。它也是賦予雨水、綠色大地、食物的來源，也是我們健康的源頭。

當我們的身心健康能獲得適當的能量時，即使我們有充足的體力，但卻持續不停地工作，沒有多久，我們就會變得筋疲力盡，然而若學會放鬆身體片刻，它又能重新開始運作了。器官每天都要工作，藉由少食或清淡的飲食，我們可以使其放鬆，如此器官能

太陽神功動作步驟

❶ 面對東方，太陽升起的方向，眼睛直視太陽。
❷ 雙腳張開與肩同寬，蹲馬步，赤足吸地氣。
❸ 提起肛門，縮小腹、背挺直。
❹ 雙手向前提高呈環抱狀，與胸一般高，擺在胸前。
❺ 吸氣，同時兩手慢慢左右轉動。
❻ 吐氣，兩手慢慢合，回胸前。
❼ 以上❹、❺、❻依右圖按說明逐一順序操作。
❽ 眼睛最好直視太陽不閉，直至受不了時再閉眼一下，但要再開眼，直視太陽，重覆動作，效果較佳！

獲得極大的能量來運作；若藉助一種完全放鬆的延展姿勢做大放鬆或是享受一覺無夢的睡眠，自然我們就可以獲得全身的能量，來維持我們防禦系統的強健，如能加強「防癌宇宙操」，則奇妙無比。

走直線，活絡腦部不變癡呆

人的一天中除了睡眠8小時之外，每天工作活動都長達10多小時，3C產品時代，每個人的姿勢，幾乎都是低頭、彎腰，駝背，姿勢的不對，造成脊椎的彎曲，內臟受到擠壓，無法發揮正常功能。因此我們要常常做這個挺起胸膛，抬起頭，仰望天際的動作，能促進胃腸活動，使全身津液暢通，可以將腹部內的老廢氣排除掉，做這個動作時，要注意不可太過勉強，要在自己能力可以完成的範圍下，循序漸進，勿操之太急，過急容易受運動傷害，反而得不償失。做此動作的時間，以早晨向著陽光做光腳吸地氣時為最理想。

清晨5至6點進行「太陽神功」，先調息再慢慢睜開眼睛，直視太陽，可吸收太陽的菁華。

墊起腳尖，促進新陳代謝

人的老化從腳開始，從各種研究上發現，腳部的老化，同時會加速大腦的老化，如果腳部衰弱，腦部就會變成癡呆。人的腦從出生開始，就有140億個神經細胞，腦細胞不會增加，它成長最快的時期是25到26歲之間，過了此時期，腦部就會逐漸退化減少，45歲時腦神經細胞會急速減少，從60到70歲為止，腦神經細胞都會退化。隨著年齡成長，神經細胞減少是自然現象，但是不去理睬它，自然會老化，要想永保青春，就要好好地訓練自己的一雙腳。

墊起腳尖走路，可以刺激腳趾上的太衝穴，這個穴道對男性的幸福有很大的幫助，請多多刺激它，這個是會讓媽媽快樂的穴道。腳底有湧泉穴和足心穴，湧泉穴位於腳底心，是大拇趾跟部和小拇趾跟部鼓起來的交點，湧泉有如泉水湧出處，可以促進全身新陳代謝，活力無窮，又可防止老化。足心穴和湧泉穴有相同之效果，常常刺激，會讓您擁有自然美，青春永駐。

墊起腳尖，促進新陳代謝動作如下：

A.雙手交疊，伸直雙臂，掌心向上。

B.大腿內側用力，提起肛門，縮緊小腹。

C.舌抵上顎，緊閉雙脣，咬緊牙根，光腳踩草地，墊起腳尖，來來回回走十多分鐘，保持一直線走法最好。

D.若能持之有恆，成效一定可期。

精益求精，改良出防癌宇宙操2.0版

阿娘研發了防癌宇宙操，我稱為1.0版；因為長年追隨她到處演講、推廣宇宙操，總覺得還可以把宇宙操的姿勢和效果改良的更好，因此我研究姿勢要怎麼做才會降低癌細胞著床的可能性，就像阿娘說的「今天的疲勞，今天消除，如果不能今天消除，就容易生病。」短短幾分鐘的防癌宇宙操，可以使人全身的血液和體液全都活動起來了，於是我經過這三年來的改良，如今我的2.0版更加的完整，並加上做操前的暖身運動，整套做下來，包準大家可以活化細胞、氣血暢通和消除疲勞。

預備操示範動作：直線散步法

A.在公園裡，脫掉鞋襪，光腳，讓腳踩地，走一直線，踏在有草皮的土地上更好，讓草刺激腳底心。這些動作，能活絡心臟功能，使呼吸更順暢。

B.時間30分鐘最佳。

C.做暖身運動前，您必須準備一條有專利的「黃色防癌宇宙巾」（一般毛巾太厚，刺激不到掌心的勞宮穴，效果不佳），加上一顆愉快的心，即可開心運動。

注意事項：

要雙腳並攏、提肛、縮小腹、挺胸、肩膀放鬆、舌頂上顎（這動作，可連接任督二脈，令全身暢通，又可刺激唾液線，以幫助腸胃的消化功能）、緊閉雙唇、咬緊臼齒。

莊壽美老師（右）每天跟隨母親莊淑旂博士（左）學習防癌宇宙操。

莊壽美老師應聘至明志大學（王永慶先生所創）演講健康管理與防癌宇宙操。

作者莊壽美老師 2010 年受邀至王永慶先生創立的明志大學演講，演講前先至泰山台塑企業文物館並與創辦人王永慶先生像留念。

台塑企業文物館 2 樓展示王永慶先生曾用至破損而捨不得丟棄之宇宙巾（較細小者），這是莊淑旂博士第一次見面贈送給王先生的紀念品。

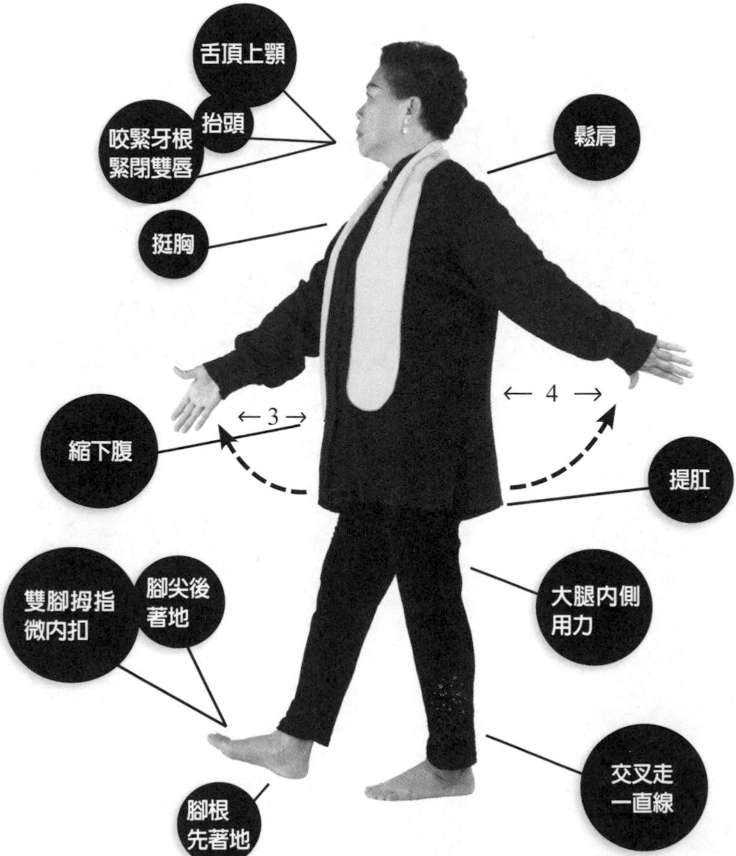

叮嚀：

在做暖身運動之前，您必須準備一條有專利的「防癌宇宙操」黃色專用巾（一般毛巾都太厚，刺激不到掌心之勞宮穴，效果不佳。），加上一顆愉悅的心，即可開始動作。

防癌宇宙操示範動作

示範一

A.右腳往前踏一步，腰固定不動，雙手合掌伸直，將虎口打開。

B.雙臂向前平舉，兩眼看指尖處。

C.雙手分開，掌心相對伸直，頭慢慢往後仰，拉直頸部，兩眼望向藍天，手臂伸直。

D.雙手前後15度擺動16次。

E.放下雙手，收回右腳，換成左腳，做同樣動作。

F.頭部慢慢由右往左或由左往右繞圈圈。

示範二

A.右腳往前靠一步。

B.雙手掌心向下，雙臂向前平舉，兩眼看指尖處。

C.雙手分開，上舉到頭部，掌心向前，頭慢慢往後仰，兩眼望向天空，手臂伸直。

D.雙手15度擺動16次。

E.手放下，收回右腳，換成左腳做同樣動作。

F.雙肩由前往後，及由後往前，各做4圈。

示範三

A.雙手掌心向上，宇宙巾置於指尖虎口處，用拇指緊壓部口。

B.雙手慢慢上舉，並往後移，將宇宙巾由脖子，繞到頭頂，再由頭頂過頭部，繞到頭頂，再由頭頂過頭部，移向正前後方，雙手伸直。

C.雙手手臂先由裡轉，再向外翻轉，掌心向外，雙手拉緊宇宙巾伸直。

D.抓緊宇宙巾，雙手手臂由裡向外，盡量翻轉，掌心向外，拉直宇宙巾。

E.緊握宇宙巾的雙手，伸直上舉，臉往上看，頭微微往後。

F.提起雙腳後跟，腳趾用力踩地。

示範四

A.雙手握緊宇宙巾，成V字型。

B.提起左腳跟，上半身向右轉。

C.右手慢慢下垂45度，頭轉向右看。

D.身體回復向前。

E.右腳跟提起，上半身左轉。

F.左手慢慢下垂45度，頭轉向左看。

注意事項

A.動作要緩慢不要過急，速度太快容易扭傷，如果感覺痛，請立刻停下來。

B.做防癌宇宙操時，先要做暖身運動，如甩甩手、動動腳。

C.練習常見的動作，或以莊老師所教的動作為主，最好不要自創動作。

D.身體回復向前。

E.防癌宇宙巾為主，不用毛巾、彈性帶效果才顯著。

莊壽美老師將她更新的防癌宇宙操2.0版整理成著作《莊老師養生法與防癌宇宙操》，並附教學DVD，希望將宇宙操發揚光大！

三、催生第一名的坐月子餐事業

中國式的打扮，自在有朝氣

繡花鞋、中國式寬大棉質的衣服、檀香木製的扇子、美麗繡花的各式背包提袋，都是我走到哪，穿到哪的衣裝打扮，我穿衣的哲學永遠都是比自己的年齡少幾歲，充滿朝氣，「活跳跳健康大使」這是大家對我的印象，這套中西合一的台灣式健康管理法，在健康生活觀念上，我強調身心得安適與快樂，衣著讓您擁有好心情，一個人到了不想打扮，不再注重外表時，就可看出他的老化心理，越老越要打扮，不要怕老，只怕您不再有愛美麗的心，阿娘到晚年依然美麗如昔，一絲不苟的銀白髮絲，典雅的旗袍衣裳，總是從容不迫，優雅大方，很美麗。我們有一位得了甲狀腺癌的老朋友，70多歲了，仍然整天很快樂的打扮，參加大家的表演聚會，一點都看不出他已是癌症末期的患者，他說：「我要快樂的活著等死，而不

莊老師獨發異想銀髮族公仔，時髦俏麗的短髮顯得年經有活力。

要哀傷的等死。」所以隨著年齡增長，愛打扮的心一定要早早培養。

天生喜歡中國式的古典服飾及繡花鞋，寬鬆、舒服、大方、華貴的裝扮，走遍天下，常贏得外國人的讚美有加，不僅在個人衣著樹立典範，更是發揚中華文化的活生生模範，如此古典服飾及繡花鞋就是我生活的最愛，讓大家穿得美麗、活出自信。

以出版和演講推廣健康觀念和防癌操

由於「活到老，學到老」的理念，獲得碩士學位對我而言，雖然遙不可及，如登天般困難，由於南華大學出版研究所所長應立志教授的鼓舞：將臨床坐月子的珍貴資料加以量化研究，其價值非言語可喻，故而展開碩士的求學歷程，並且在2年內順利完成，一方面解決事業上的瓶頸問題，一方面要走的路尚遠，結交的朋友不計其數，如此豐收，讓大家活得精采，美滿無限。出版和演講是很重要的兩項使命，文宣可以作啟蒙教育，用書籍及說給大家聽來認同，大家產品大同小異，故用出版和演講來作啟蒙基礎，帶著「健康」跑遍了全世界，往後又藉由健康料理更積極的去推廣健康，如此奉行助人為善，讓大家學習分享與助人，也是另一種樂活。

自古以來，人對世界萬物的信仰和執著，幻化成萬千宗教。因為知道自己天生缺陷，用毅力加以克服，故和先生單純的夢幻追尋，患難與共，然而人算不如天算，先生早撒手人寰，如此情感體驗，特別是體現在我的信仰上。信仰亦可以是內在的，通過個人的經歷和對靈性的追尋，讓大家活得精采、美滿無限。

台灣坐月子餐第一品牌的誕生

身為莊淑旂基金會現任董事長，早年就跟隨阿娘巡迴世界各地推廣防癌、防老及中國式自我健康管理法等觀念，並著有多本有關健康的書籍。我的雙胞胎女兒創造坐月子養胎事業，起源於她們的外婆莊淑旂博士。

2012 年 10 月，莊壽美老師在德國法蘭克福書展以《莊老師養生法與防癌操》新書為主力，努力推廣防癌宇宙操。

外國讀者在德國法蘭克福書展現場熱心學宇宙操，右一為莊壽美老師。

集團旗下包括：坐月子生技公司、養生養胎推廣中心、出版社等等，經營宗旨是增進全民健康。莊博士推廣全民健康自我管理及防癌宇宙操50幾年，她的防癌宇宙操、養胎及坐月子的方法、醫食同源的飲食理論，一直被廣為流傳。她不僅自己全身心投入健康事業，我和我的雙胞胎女兒章惠如、章美如，也都潛心在不同的健康事業領域中。

章惠如是我的雙胞胎長女，也是一家坐月子生技公司的執行長，長期協助我推廣全民健康自我保健的概念。並親身體驗了阿娘獨特有效的養胎與坐月子的方法，生下雙胞胎，得到了驚人的效果，同時也累積了寶貴的親身體會的經驗。由於惠如的體質得到了很大程度的改善，並告別了產後肥胖症，因此將整套完整的獨門料理，首創推出「坐月子料理外送服務」，多年來得到了台灣各界人士的熱烈好評。

1996年起，坐月子公司正式在台灣北區展開服務，到1999年時，已經在全台建立了服務網絡。2001年開始走向企業化、制度化的經營，在北、中、南的重要城市都設置了中央廚房。每個中央廚房皆有完善的設備及清潔舒適的環境，而每一位料理師傅都經過了總公司專業的訓練，全程皆以獨創的「坐月子水」來料理餐點，讓消費者吃得安心又健康。目前台灣各中央廚房皆擁有完整的專業料理師與送餐車隊，為所有產婦提供最專業快速的服務。阿娘的坐月子飲食理論，已經被台灣各界知名人士所接受並採用。其中包括年代主播張雅琴、東森主播盧秀芳，三立主播敖國珠、中天主播吳中純、民視主播姚怡萱等多位新聞主播、民意代表、知名主持人與藝人，在採用了我們獨家的坐月子飲食及服務後，都能夠在產後順利恢復體質及體型。

2003 年起，我們坐月子事業開始進行全球網絡的建設，在上半年的時間裡，已成功地進入了北美洲市場，在美國洛杉磯順利完成了廣和健康管理機構的開設與推廣。在 4 月份，我和惠如親自赴美國洛杉磯舉辦多場大型媽媽教室講座，並接受了當地各種媒體的專訪，包括美國有線電視 KSCI 晚間新聞專題訪問《養胎及坐月子方法》。洛杉磯 Channel18《TEATIME》節目專訪《婦女保健及坐月子方法》以及其他平面媒體，皆進行了深入的報導。2003 年下半年裡，我們除了繼續推動北美洲市場的開拓外，更積極地拓展了中國大陸市場，完成在大陸的人員訓練作業，全力拓展中國大陸坐月子市場。2005 年，我們榮獲 ISO9001 國際品保認證，此項榮耀更大大提升了服務品質的保證。2007 年 9 月起，注資成立北、中、南企業大樓，完善的中央廚房設備及行政管理大樓，已經成為業界的矚目焦點。2011 年，榮獲 ISO22000 國際品保認證及 HAC.C.P 食品安全認證，我們的服務品質又再向前邁進了一大步。

我們「專業月子餐」全程使用「坐月子水」，配合傳承自阿娘的坐月子飲食理論，已經讓無數婦女及各界知名女性，包括多位新聞主播、政要代表以及知名主持人、藝人……等都能在產後短期內順利復出，服務品質值得信賴！而我們精心研發的保健產品，更成為了現代婦女養身保健、恢復體型、滋潤皮膚的重要指標！展望未來，將不斷地努力拓展全球各地市場，還將推出其他的養生餐點，繼續更好的服務予全球客戶。讓全世界的產婦都能運用莊淑旂博士的坐月子養生理論，在恢復身體體質的同時，也能恢復產前的體型。

養胎養生主題餐廳暨教育推廣中心的設立

「養胎養生主題餐廳」暨「教育推廣中心」是我雙胞胎女兒的章美如，傳承她的外婆莊淑旂博士「醫食同源——廚房就是藥局」的理論，以醫學為根，自然為本，遠離病痛，臻於健康而設立的事業，為全台第一家養生餐飲和養胎月子餐宅配服務結合的複合式餐廳，首創台灣第一家養胎坐月子外送服務，從此掀開養胎月子餐宅配服務，成為孕婦安心調養的福音。多年來，致力於推廣「全民健康自主管理」、「防癌宇宙操」、「懷孕養胎」、「產後坐月子」、「少男少女轉骨」、「女性生理期調養」及「各類天然草本燉湯調理」……等自然健康的養生調理方法。阿娘研發並積極推廣的防癌宇宙操，亦邁入第五十多個年頭。在她的 2009 年退

2006 年元月 20 日參加跨世紀十大傑出企業金鼎頒獎莊老師掛彩帶於中，與章惠如（前左二）、章美如（前右二）共同分享榮耀。

莊壽美老師（前中）帶領雙胞胎女兒惠如（左二）及美如（右三）等團隊特別邀請生產力中心呂振雄（前左一）顧問團隊指導坐月子料理外送，至今已名聞中外。

休記者會中，除了感謝多年來曾經接受她醫治的病患，和他們曾教給她的「活知識」外，更殷殷期盼曾經學習過宇宙操的國人能落實在地推廣，做為癌症預防的種子，繼續她未完成的心願。

現代人文明病不斷的逐漸提高，我的雙胞胎女兒章美如從事懷孕「養胎」及產後「坐月子餐」宅配服務已有20年了，但追溯外婆所推廣的全民健康自我管理概念，覺得這種宅配模式的服務對象不要只侷限在孕產婦，應該拓展服務對象，讓各年齡層的人均能受惠。當她浮現這種想法後，便基於全民健康的概念，將宅配與餐廳結合，現今，服務已成功擴展到各年齡層，無論是成長中的孩子、「青春期」、「生理期」、「懷孕生產期」、「更年期」，或是響應季節的「冬令進補」等，都能藉由精緻宅配食補照顧美麗、享受健康。如今，惠如和美如的養胎、坐月子事業蒸蒸日上，我身為阿娘的女兒和惠如、美如的母親，我滿懷歡喜，實踐了莊博士女性養生保健事業的普及性，讓我更加謹慎和小心地監督兩位雙胞胎女兒和兒子的健康事業，我們不斷的推展她傳承下來的健康理念和生技產品，我們希望她播下的種籽可以遍地開花，不僅是我這一代、兒女的第三代，還有無數的後代都能把她的健康理想發揚光大。

莊壽美老師（第二排中）和她的雙胞胎女兒章惠如（第二排右）和章美如（第二排左）、惠如的龍鳳胎和女兒（身穿有領上衣）、美如的三胞胎（身穿無領上衣）三代同堂合照。

由莊壽美董事長（中）領軍，帶領雙胞胎女兒章惠如（右）的坐月子生技企業、章美如（左）的養胎養生推廣中心參加婦幼展。

四、出版國寶級養生原味食譜

為何想出版國寶級養生原味食譜?

多年以來，我一直跟隨阿娘在海內外推廣「自我健康管理與防癌宇宙操」的工作，如今已有幾十年的時間了。在這期間，她也曾多次返台，有感於國人日常飲食生活習慣的不當，非常容易造成各種前癌症狀及老化的現象，深覺十分痛惜。因此在1988年成立了「青峰基金會」（後來更名為莊淑旂基金會），來推廣各種防癌、防老和自我健康管理的預防醫學觀念，如今台灣已有這方面的重視，在各大電視台媒體或報章雜誌皆有這方面的探討和關注，可見她的高瞻遠矚。

阿娘時常告訴大眾，人的身體健康從25歲開始會逐漸走下坡，所以從25歲以後就要努力做好自我健康管理，趁早養成良好的生活習慣，為健康存摺做好豐沛的存款。基於飲食是人們健康最大的來源，所以想把阿娘每天吃的養生原味餐做一番整理，然後推廣到世界各地。

興起出版養生原味食譜的念頭後，光是書名就讓我傷透腦筋，每天都有不同的想法，我和家人討論，我和朋友請教，總是覺得不夠彰顯我和國人對阿娘的敬意和誠意。有一天，我重新閱讀以前日本、台灣報章雜誌對阿娘的報導文章，眼睛看到了「國寶」兩個大字，沒錯！阿娘是台、日兩地的健康外交大使，她默默幫台、日兩地的人們做了很多貢獻，她是日本病患的「救星」、是台灣人的「國寶」，因此當下我決定把書名取為《國寶莊淑旂博士原味養生餐》。這一本食譜是我跟隨她多年見習的心得，在她多年教誨之下，呈現給她的成果報告，不過，就在這本書將要付梓時，她卻壽終正寢，在睡夢中安詳離開人世，享年96歲，這是她老人家最希望離開的方式——含笑而終，她以經年累月的飲食生活方式和多年堅持的健康理念與方法，身體力行，故而得以最安詳的方式離開我們，這是福報，也是她長久認真又嚴謹力行自我健康管理和養生原味飲食生活的成就。

莊淑旂博士的早餐、午餐、晚餐（從上至下），以原味食物為主，搭配水果。

把阿娘用講的和用做的原味餐記錄下來

《國寶莊淑旂博士原味養生餐》的特色簡明易學，分為主食類、主菜類、湯類、點心類，一一介紹阿娘必吃的原味料理，根據健康飲食守則及不同體型不同吃法，幫助大家找出食材的本質，充分運用大自然賜予我們天然的食物本性，適時適量適性提供大家健康需要的養分。讓每個人擁有青春、健康、美麗，一直是我與她的最大想望。只要讀者有心，按照這一本書有恆心執行，肯定就會擁有健康的人生，吃三餐是每一個人進補健康最大的來源，在此呼籲大家跟著國寶級的食譜去吃養生原味餐，保證大家會跟我的阿娘一樣，活得長壽又快樂。

推廣原味餐，馬不停蹄四處演講

這一本原味餐食譜是阿娘多年研發的養生菜單，有別於坊間一般的食譜書，每一道料理都有它獨具一格的健康原理，我特別整理出來，分享給大家，雖然是野人獻曝，但可以延續阿娘健康吃的理念，這是我應該要繼續做的最大推促力。但是，光是出版發行還不夠，這一年（2016年）我從2月份台北國際書展就舉辦新書發表會暨莊淑旂博士逝世週年追思嘉年華會，剛好她離開我們1年了，365天的思念讓我無法忘懷，想要把我無限的敬愛通通展現出來，而且我不想悲傷，我要以健康、快樂的方式向她表達我的思念，因此趁每年一度台灣出

版界的盛會——台北國際書展的場合，向全球讀者發布《國寶莊淑旂博士原味養生餐》新書發行，並舉辦她老人家逝世週年追思嘉年華會，以歡悅的心情告訴阿娘，我很高興把她的健康飲食料理整理出來了，當天在世貿大樓一館的藍沙龍舉辦，吸引各大媒體、阿娘的粉絲前來參與。除了食譜書外，我還把阿娘的健康養生之道做成18本電子書發表出來，讓世人看見阿娘的健康觀念不再僅止於用傳統方式呈現，我們走在時代的尖端，用科技整合健康的想法，走入全球每一個家庭，這對我們來說是一個創舉，也是必須要往前邁進的一大步。

後來，我相繼在5月18日到12月17日於中央圖書館、高雄市教育局、台中書立得書局Y德俐鼠童書城、台北市立圖書館、高雄市立圖書館、新北市立圖書館等機關單位合辦一連串的新書發表暨健康講座，我希望儘量推廣原味餐，提升大眾的健康品質，不要再受黑心食品的殘害，自己的健康自己管理。雖然我已屆76歲高齡，不過我仍有信心可以活到像阿娘那樣高齡和健康，趁我還可以貢獻的時候，我願意持續去做，不停的進行。如果，可以的話，我更盼望台灣各大公司行號、學校機關單位邀請我去演講，讓我用說的原味餐食譜、用做的防癌操和按摩，向您們的員工、孩子做一個示範，把莊淑旂博士的健康精髓推廣到台灣每一個家庭，寧可食補代替藥補，寧可運動代替不動，相信台灣同胞會活得更健康更快樂！

現在，這一本國寶級的養生原味餐食譜第一輯只是起個頭，阿娘有太多創意的養生原味料理，我只是先整理一些出來和大家分享。不要忘了，我在台北天母開過養生餐廳，很受歡迎，這些都是我身體力行說到做到的證據，因為讀者的熱烈迴響，將來我還要出版養生食譜第二輯、第三輯……，「吃」出健康在推廣養生保健事業上非常有效果，我抓對了方向，就要有效率的繼續往前邁進，藉由推廣吃原味餐，把她的預防醫學在海內外開出更燦爛的花朵！

2016 年 5 月 18 日，在中央圖書館舉辦《國寶莊淑旂博士養生原味餐》新書發表暨健康講座，由作者莊壽美老師主講，並帶領聽眾做防癌宇宙操。

莊壽美老師（中，身披防癌巾者）抱著剛出生的雙胞胎孫子和台北市立圖書館舉辦的《國寶莊淑旂博士養生原味餐》新書發表暨健康講座一些聽眾合照留念。

腦中風緊急醫療處置網絡
把握3小時黃金治療時間

萬里蟹產地爲蟹宴
開放民眾上網認購

中壽助心障者揮灑畫筆 找到自己的天空

《國寶莊淑旂博士養生原味餐》
十月八日北市圖莊壽美老師開講

國慶連假行車避開壅塞路段
養足精神再上路

《中華日報》刊登莊壽美老師於 2016 年 10 月 8 日在台北市立圖書館主講的《國寶莊淑旂博士養生原味餐》新書發表暨健康講座的報導。

五、行銷「莊壽美自然抗老健康法」

我追隨阿娘，向她學習了這麼多的養生大法，因為長年累月到海內外行走演講，因此也吸收了全球各地非常棒的健康觀念和做法，於是我不畏困難，四處行銷「莊壽美自然抗老健康法」。

晚上六點後不喝水，一覺好眠到天亮

水是人體最好的朋友，我們每一個人每天都要喝水，才能讓體內的老廢物，隨著水的循環代謝，將它排出體外，乾淨的體內，自然少病痛。喝水可以加速體內的代謝，但都要以自己能負荷的程度量力進行，通常1公斤體重1500C.C.即可，含咖啡、茶、湯、蔬菜的水分在內，若有運動或夏天體熱，應將流出的汗水補充回來，要喝溫熱水，不能喝冰冷的水，以免傷腸胃，青少年朋友要格外注意，保健知識要趁早懂，以免遺憾終身。

曾有一位友人腎不好，醫師勸他多喝水，他因白天忙，集中在晚上喝水，以致半夜頻頻起身上廁所，無法入睡，且腰又更痛，聽我奉勸少喝水，他半信半疑，經數個月後，居然一

睡到天明，腰也不痛了，至今仍感謝在心，小兵立大功，實在令人欣慰！

天天沐浴常保青春，消除疲勞延年益壽

每天完全沐浴，以及在大小便後用水清洗排泄器官，這都是通用的衛生準則，並且有能激發生命的能量。很多人認為沐浴就是清潔身體而已，但是按照阿娘的理論，沐浴是一種全身的運動，如果方法得當，除了清潔身體外，還可以活動筋骨，消除疲勞，延年益壽。

＊沐浴時的禁忌

a. 不可吃太飽或是餓肚子。

b. 晚餐前要洗澡，可以先喝少許的高湯或果菜汁，稍稍休息再洗澡。

c. 飲酒過量又有高血壓的人，千萬不可立刻入浴，避免腦出血。

＊沐浴要做的腳部活動操

a. 仰臥，兩腳伸直。

b. 腳跟合攏不動，腳尖做一上一下的動作，重複數次。

c.如右腳尖做外側轉二、三次，再內側轉二、三次動作。
d.腳尖合攏，與腳跟同抬高，再放下，此時腳部活動操完成。
e.腳部做完動作，換脖子由左到右，反覆動作二、三次。
f.就可以進行阿娘研發的「三段式沐浴法」了。

＊不用肥皂的三段式沐浴法，可以消除疲勞青春永駐

a.雙腳放入能忍受的熱浴水中，先浸泡6分鐘，會感覺一股熱氣往上衝，氣血循環甚佳，微微出汗。不需要塗抹肥皂或沐浴精在身上，請您嘗試不用肥皂進行沐浴，我每天都這樣洗澡。
b.水量請高過膝蓋，用左腳跟的右內側和右腳跟的左內側，互相的摩擦再互撞擊的動作及互踩腳趾尖的動作，並輕聲唱歌，以放鬆心情，
c.當您坐在水中放的小矮椅子上，請讓水淹過肚臍約為3分鐘，上身要記得穿上衣服，避免受涼感冒。
d.當您全身坐入浴缸中，水淹至肩膀，浸泡時間為2分鐘，同時做腳底的按摩。
e.在沐浴時，請勿忽略腳板心，要時常按摩它，也可以使用浮石摩腳，會更好。
f.提醒您沐浴時間不要太長，如果身體發汗，就要快快起來離開浴缸。然後在床上鋪上

一條大毛巾躺在上面，讓汗自然排出，等汗排完，再用溫水沖洗，並擦乾身體後，休息一下，才使用晚餐。

g.沐浴後，請不要喝冰冷的水或飲料，也不要吹風扇，讓全身自然通體舒暢。

多多結交年輕的朋友

我常常和年輕人相處，包括團體靜坐、研讀激勵人心的書籍、參加演講、聚餐，讓腦力活化，有朝氣，有開闊的心胸。和年輕人在一起，千萬不要倚老賣老，會惹人嫌。我認識一位老醫師，他常常說年紀大的人，要常和開朗的人在一起。

我66歲時，再讀碩士，每天和我年輕的研究生同學一塊讀書研究。年輕人給了我很多新的思考方向，和他們在一起，總是歡笑連連，常常讓我有忘齡的快樂，也讓我腦力激盪，年輕許多，在事業上給我很多的助力，受益良多。雖然我的年紀有一大把，但是很多人說我尚未老化又無老態！多多學習年輕人的語言或思考方向，才會有無窮的創意和巧思喔！

早睡是保肝的大法

現代人要早睡是一件很痛苦的事，等到生病了，才發現這個「心肝寶貝」被糟蹋到不行。我的一位病人朋友，他原有糖尿病，氣色很差，我告訴他：「過去已過去了，從現在起每天早睡早起，他痛苦地實行了3個月，現在氣色好很多，病也減輕了。」改變生活壞習慣，讓器官不再受摧殘，是走進健康的第一步，為什麼要早睡呢？根據中醫的說法，每晚11點鐘前一定要躺在床上，因為11點到凌晨1點鐘是肝膽系統充血，要運作、排毒的時候。此時的肝臟平擺是平常的2倍到3倍大，如果此時躺下，就能進行肝臟的修護工作；如果還未躺下睡平，仍是坐著或站著工作，血就會像菜場上倒掛的豬肝一樣，儲存在其中的豬血是無法放出來的，沒有充血的肝臟，就無法得到好的休息與修護，長久以來，肝臟就容易生病，所以早睡早起是養生的第一大法。

肺與大腸相為表裡

阿娘根據多年行醫防癌的經驗，結合其中西醫知識，認為感冒和脹氣同為萬病之源，要杜絕感冒等氣管方面的毛病，中國傳統醫學上有一個理論「肺與大腸相表裡」，也就是說我們肺部形同煙囪般，如空氣汙染、抽煙、感冒、痰多等造成毛髮枯萎、皮膚乾燥；但是腸胃形同灶爐般，經過暴飲暴食等不正常的私生活及排便不當等壞習慣，造成出疹子、發紅極癢的皮膚過敏症狀，如同灶爐的灰燼不通，無法使得空氣流通不得燃燒，使肺中的水與氣體積存而導致疾病，如能加強腸胃蠕動，把積存腸胃中的老廢物排出，等大腸調整好後，肺和呼吸器官的功能自然會好轉。

如何滋燥潤肺？秋天氣候乾燥，空氣濕度小，尤其是中秋過後，風大人們常有皮膚乾燥、口乾鼻燥、咽癢咳嗽、大便祕結等症狀。因此，當中秋後氣候轉燥時，就要做好「肺與大腸相表裡」的保健工作，方法如下：

a. 避免劇烈運動後，汗流浹背現象，會傷津液。

b. 秋季飲食應「少辛增酸、防燥護陰」，適當多吃些蜂蜜、核桃、奶製品、百合、銀耳、蘿蔔、梨子、香蕉、蓮藕等，少吃辛辣燥熱與助火的食物。

c. 心情要開朗，不要過度憂傷，中醫說：「驚思驚恐等七情都可影響到氣機而生病，其中又以憂傷肺最嚴重。」現代醫學也已證實此說法，常憂愁傷感的人容易造成抗病能力下降，而引發哮喘等宿疾的復發或加重。因此，秋天應特別注意保持內心的平靜，以養肺氣。

d.要多多補脾才能益肺，中醫非常重視補脾胃（土），以使肺氣（金）充沛。因此平時氣虛的人，就要以人蔘、黃耆、山藥、大棗、蓮子、百合、乾草等藥食，來補脾益肺（即中醫所謂「培土生金」）。

e.防止便祕，以確保肺氣的通暢，中醫認為肺與大腸相表裡，如果大腸傳導能正常，則肺氣就會降低；如果大腸功能失常，大便祕結，則肺氣壅閉，氣逆不降，就會造成咳嗽、氣喘、積水、胸中憋悶等症狀的加重。

穿布鞋、不穿襪子、不坐軟墊、不睡軟床

我幾乎不穿高跟鞋，也不穿絲襪，特別喜歡穿繡花鞋，每雙鞋都繡上了美美的花花草草，甚至有可愛的小鳥、蝴蝶……等花樣，穿在腳上美極了！阿娘則只穿布鞋，都是成打成打的請她祕書在日本購買，既舒適又能穿脫方便。為了讓腳能夠得到充分的放鬆，我時常強調：要回歸自然，所以我在外或家居生活中，都是不穿絲襪的，很舒服，常常光腳走路讓腳充分呼吸，腳是人的第二心臟，健康就從腳開始，光腳運動可以調節體溫，就像相撲選手比賽時衣服穿得很少，就可知其道理，光腳有益健康。但冬天冷時須穿棉襪，不可受涼！

過去我們的阿嬤輩，她們都很長壽，原因是從小幾乎是過著光腳走路吃粗糧的生活，日本棡原長壽村的人聽說都是如此生活著，光腳踩在土地上，土中的成分被腳汗吸收後，產生化學變化，促進血液循環，土中的放射線菌，可以做為若干種抗生素，以做為增進健康的妙方。上了年紀的人，衰老先從腳開始，所以抗老先從鍛鍊腳部開始，清晨光腳在草地上走半個小時，長壽又健康。

為了愛護我的脊椎，我不坐軟墊子及太軟的沙發，而選擇阿娘所設計推廣的三段式坐墊，讓後墊高些，時時注意保持脊椎正直的姿勢，雖然年紀日增，但脊椎仍然直挺挺的，很好看，也很有精神，她在年近90歲時，長年保持挺直，加上一頭白髮，非常高雅、美麗！

當然，我們也不睡軟床，而且兩人一躺就呼呼大睡，夢都沒有！想到有人會睡不著，真是不可思議，只要早睡早起，生活起居正常，而晚上又吃少、喝少，包您一覺到天明，疲勞全消除！

一顆感恩的心

古代日本的阿伊諾人，把小米搗碎後做成餅，家中的老人就會向餅禱告：「哦，穀神啊，你滋養人類吧，我現在要吃你，我感謝你。」禱告之後，才能拿起一塊餅吃下去。我小時候，阿嬤就時常告誡我：「要把飯吃完，不可以剩下飯，連留一粒飯粒都不可以。留下飯粒，會長麻子。」受到如此的恐嚇教育，愛美的我到今天都是把飯吃得很乾淨，因為阿嬤常說種田的人很辛苦，要常常感謝農夫，農夫彎腰播種，每一粒米皆辛苦得來！飯前對大自然的感恩，在許多古老的民族中都能找到，而如今在科技發達的文明社會，卻很難再見到了。

現代社會，早餐都是一家人急急忙忙各自吃完後，相繼趕去上學或上班，晚餐一家人才有時間充裕而平靜地共餐，但又常常被電視節目或新聞節目給打斷，注意力不能集中在吃飯上，這時血液就會

這是日本京都一古廟保有的一枚銅錢。莊淑旂博士很喜歡上面的字義唯吾知足，若知足，就會常樂！

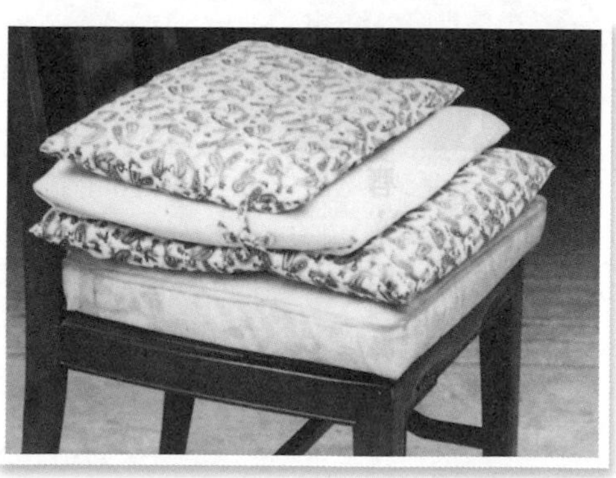

三段式坐墊。

集中到大腦皮層上，以致影響到消化系統的供血上，對食物所產生的色香味的刺激被抑制了，自然無法感覺到自己正在享受大自然的恩賜，那又如何能發出一絲一毫的感恩之情呢？飯前的靜思和感恩，讓我們把煩惱暫時放下，讓寧靜與喜悅充滿我們的身心。伴隨著這種儀式，我們回歸到「吃飯就是吃飯」的本來狀態，我們感悟到對大自然的熱愛，對他人勞動的尊重，對食物的珍惜，對宇宙最高力量的讚美。感恩是一種體會到生活是獲得，而不是索取的心念。感恩的意識不僅僅是一種感情，而且是做人的本質特徵。學習感恩的柔軟心，是自然養生法中，不可少的一課。以前阿娘為病中寫字條「給我水喝」的病人，用棉花沾水，抹在病人的嘴唇上，病人感激萬分的神情，讓我體會到一口水的感恩心。

「自我健康管理」能喚起人的自癒力、免疫力

我認識一位活了102歲的老太太，每一次我們舉辦演講活動，她都會由兒孫帶來，她耳聰目明，說話清晰，頭腦清明，身體非常柔軟，她高壽卻很少生病，每天的活動就是光著腳丫子，到菜園中走動，天沒亮就出門散步，從不去煩惱兒孫的事，她說：「人要長壽，少煩惱，少吃，多走走，看日頭，無憂無煩惱，怎麼要跟醫生打交道呢。」人的一生，只要合乎自然法則，不用看醫生都能很健康，就怕這些違背自然法則的生活壞習慣改不了，久而久之，

就會影響身體的健康。壞的生活習慣，有些人是可以用意志力就能夠改變的；但有的就需要經由其他人的指導輔助，產生信心後才能有所改變，但是還有一些其他的生活習慣，就只能運用一些食物、自然的養生法、運動或集中的技巧才能有所改變。推廣自我健康管理法，就是在教導大家認識生活習慣病症的原由，和如何改變生活習慣，病兆就能自癒。

一旦人對某一種戒律的遵從被打破時，我們的腦神經系統就會產生一種影響力，而這種神經活動的模式，就會在中央神經系統中建立起來，通過這個同樣的管道，在下次使用時將會更容易。因此不好的生活習慣，變成固定在神經生理的層面時，要想改變這種狀況，就要從依賴中回復到自然的平衡中，若能有規律的在自然中練習各種健康法、呼吸法及心靈中的集中法就會很有效。由神經模式所激發的墮落傾向的壞習慣也可以得到校正。

許多壞的生活習慣只是腺體上的問題，比如我們的憤怒、慾望、恐懼等，都是直接受到荷爾蒙變化的影響，這些都可以經由合格的健康法教師所教導的特別技巧來修正。我阿娘莊博士就是倡導宇宙健康法的原創人，在她的健康法可以分幾部分，有防癌宇宙操、日常生活運動法、自然的生活養生觀念、按照體型吃對的食物。只要依循該法去執行，每個人都能活百歲。

莊壽美老師（站立者）常告訴人們運用食物、自然養生法，及運動改變生活習慣，可獲健康。

人的身體相當複雜，以至於科學或任何機器也無法瞭解，利用自然的療法來增加我們身體自己的治癒能力。要知道治療目的在於給予並獲得喜樂，大自然中，早已提供給我們充分的照顧和治療的要素，如果我們能好好運用的話，便永遠不會有麻煩。健康的祕訣在於與自然法則合而為一，並且使它成為我們生活的習慣。就是因為我們生活上的壞習慣，才導致疾病，舉例來說，我們知道吃太多甜食並不是件好事，但是由於想得到一點點短暫喜樂，我們一吃再吃，只要我們眼前有食物，我們就繼續吃；因為破壞了自我控制的自然法則，我們逐漸地耗弱神經系統、器官及全身的活力。比如晚上狗對賊吠，主人因為認為吵，就將狗綁住關起來，然後回去睡覺，以至於小偷很輕易地進入房子偷走東西；同樣地我們的身體有問題時會發出警訊，但我們卻不管，又藉助藥物及不自然的療法壓制這些警訊。只有我們符合自然的生活型態，才能幫助我們維持健康，有了正確的知識和誠心的面對，我們才可以克服任何困難，得到自癒的能力。

矯正身體，減少關節疼痛毛病

您的姿勢是否正確呢？讓我們先自我檢查一下，身體先站直，從正面用數位相機拍下身體的姿勢，打開影像螢幕或以拍照方式看一看，影像中的您，肩膀雙側、腰部雙邊到地上的距離有多長？以尺量一量，從肩膀、腰部兩邊所測到地上的距離是否是一樣的。如果兩邊所測距離不一樣長，就代表您的姿勢有歪斜了，身體如果有歪斜，臟腑也會跟著歪斜，帶給肩膀、腰椎、背部，都是很大的壓力，會引發關節疼痛的毛病。

不妨學一學，一種強化腹筋、背筋的矯正身體姿勢的體操，方法如下：

a. 仰臥，提起一腳與身體呈垂直，腳尖朝天畫圓圈，以腰為中心點畫圓。

b. 向右畫3圈，再向左畫3圈。

c. 做完一腳，再換另一腳比照前列方法做。

d. 注意腳在轉圈時，小腹內縮，這樣可以安定住骨盆位置的腹橫筋，使它得以強化。

e. 腹筋、背筋強化後，背脊或骨盤會歸位，姿勢就能左右平衡。

試試看，我從前是排球國手，各種保健體操，都要學習，才不會讓身體的姿勢歪斜，影響比賽成績，小小的動作，請大家參考看看！

要動手動腦，人才不會老

預防腦部老化，請來學習這項動腦活動：

a.一個穿洞的硬幣狀東西，綁上細線，左手抓住線的一端，另一端的硬幣狀物品垂下，讓它像鐘擺般搖晃。

b.此時，右手拿著一物像原子筆或其他物，敲打硬幣狀物，可以讓腦袋和肢體的互動關係變得更好。

腦靈活的動作——抓水果

a.桌上放著5個蘋果或橘子，先想好要拿的水果。

b.閉上雙眼，以最快的速度，朝正確方向，抓那一個事先相中的水果，常常做練習，對防止腦部老化，有很好的效益。

c.偶爾吃豬腦燉枸杞，會明目健腦，但要多做運動，除去過多的膽固醇，否則適得其反。

大聲唱歌，防止癡呆和記憶力減退

我一直很愛唱歌，年輕時國語老歌，隨時朗朗上口，不要怕五音不全，是一種抒發心情的方式，在我遇到困頓時，心情不佳，我會拿一枝筆，一條一條的寫出來；或是找一家大飯店或咖啡廳，喝一杯咖啡，美麗的風景和優雅的裝潢及美妙的音樂，都足以吸引我的注意力，並陶冶我的身心，煩憂自然消失，請大家來唱首歌，附錄的《健康歌》，意義深遠，大家可以一邊念唱，一邊做拍手或動動腳丫子或踩踩腳的動作，唱作俱佳，對體、心裡都有幫助。

我的飲食有沒有出問題？

在日常生活之中，我們總是希望能過著快樂、平靜、安逸的生活，可是突然之間，身邊常常會發生一些預料不到的不幸事情。例如身體不適、突然得重病、環境公害、食品公害（食物中毒）、甚至交通事故等。某些不幸，或許可以歸咎於是他人的疏忽、他人的錯誤所造成的，可是有些卻是我們本身的疏失所引起的。就拿生病來說，「唉呀！真倒霉，一不小心又感冒了。」「天哪！我怎麼會得癌症呢！上天太不公平了。」這些都是我們常常聽到的談話，也是一般人心裡普遍的一種想法；然而，幾乎很少人會去反省、檢討，是不是我的飲食出了

問題？是不是我的生活習慣不好？

台灣創造出「經濟奇蹟」，社會富裕，大家有錢了，吃東西講究色、香、味，儘挑些細緻的食物享受，萬萬沒有想到，有些好吃、好看的食物對人體幫助不大，反而在不知不覺之中，腐蝕了健康的身體，而我們卻毫無警覺，這實在是一件可怕的事情。

(1)可怕的癌症

最悲慘的病症，莫過於得了前癌症狀；有些人可能並無此經驗，不過從親朋好友或報章雜誌上，或多或少知道一些罹患癌症的悲慘情形。治療癌症，目前採取的方法有外科手術、放射線鈷六十照射及化學藥物治療等。醫療的技術水準雖然年年都有進步，但是對病患而言，仍然是苦不欲生。事實上，只要注意飲食與生活習慣，就可以避免身體出現前癌症狀；甚至發現「癌」以後，也可以與「癌」共生存。然而，遺憾的是，許多人都忽略了飲食的重要，而不知如何防止癌症的發生，與減輕末期癌的痛苦。我的阿娘19歲時喪父，父親死於腸癌，這段痛苦的回憶，她並沒有自怨自艾，反而成為她一生研究癌症的原動力。在研究、探索的過程中，她常回想起父親的病逝：

我常常想，我的父親是我害死的。

我為什麼會是這麼想呢？難道是我不孝順嗎？不，絕不！我非常愛我的父親。但是就因為非常愛他，反而害了他。

阿公愛吃的東西，阿娘就是再忙，也都會做給他吃；他不愛吃的東西，她也從不做給他吃；可是，當時萬萬沒有想到，他愛吃的東西，正是導致他生病的「禍害」；他不愛吃的東西，反而是治病的「良方」。每天在廚房裡忙東忙西，誰知道竟端出一盤盤的「毒藥」來。

阿公喜歡吃焢肉飯，用大碗公裝滿飯，上面鋪上一大塊五花肉，旁邊填滿大蒜和蕃茄醬，然後放在鍋裡蒸，吃飯的時候都是大口大口的吃，一張嘴塞得滿滿的。阿娘當時在旁邊只覺得看到父親吃得愉快，心裡就很高興，那裡曉得這些食物正是他罹患「直腸癌」的病源。這就是「無知之愛」、「沒有對策的愛」。

(2) 創造戰勝病魔的體型

「病魔入侵」，事實上，這句話是不成立的。

人體內有許多的細菌，好的、壞的都有，只要消化、吸收的器官運作正常，人體就能吸收養分，而產生抵抗力。但是如果亂吃亂喝，生活習慣不正常，擾亂了消化、吸收器官，就無法吸收養分了。那我們吃下去的「營養」到哪裡去了呢？一部分成為「廢物」，一部分就被壞的細菌吸收而「成長」，同時壓抑了器官的運作，身體就生病了。因此，只要人體具有抵抗力，「病魔」就沒有辦法活動。影響人體健康與否的因素，在於體型，而體型分為先天與後天兩種。先天已然固定，無法更改，但是後天卻是操縱在我們的手中。一項更為有利的條件是，後天生活因素的加入，使人體健康受後天的影響較大。受遺傳影響而先天身體就不好的人，不必憂慮，只要能早期發現無形變壞的危險體型，就可以用正確的飲食方法與生活習慣，來強化後天的體型，以對抗癌症或其他的病魔。最重要的是，要能創造戰勝癌症與病魔的體型。這是我要特別強調的一點。

在日本，每年有13萬人以上罹患癌症而喪失了寶貴的生命。在台灣，大家也都是談「癌」

色變。但是，如果能在日常生活中培養出健康的體型，即使是得到癌症的話，也可以有防止癌細胞擴散的能力；再加上良好的治療方法，就可以避免喪失生命了。阿娘以中國傳統醫學的理論，參酌西方醫學的觀念，創出了「中國台灣式健康管理法」，這套方法並不艱深，都是大家很容易做到的；主要就是要注意飲食習慣，使身心調和，讓全身的器官不老化、精神不低落，身心隨時都在喜樂之中，自然就無病可生了。

我們都愛自己，也都愛家人，如何讓自己和家人擁有健康的身體呢？打開本書，好好的學，全力去做，讓我們把「無知之愛」化為「有知之愛」，把「沒有對策的愛」化為「有對策的愛」。

附錄

一、健康歌：莊淑旂博士的健康精華

我的阿娘莊淑旂博士時常到海內外演講，每次在結尾時都會帶領聽眾一起念唱下面這一首健康歌，好記易唱，向大家介紹，希望時時念唱它，就會提醒您隨時把健康帶在身邊。

親愛的女士先生　大家要保健康健康十二信條條條要做好

健康第一條　早餐要吃好　魚肉菜果豐盛　一天精神好
健康第二條　午餐要吃飽　筋骨海帶豆類　營養不缺少
健康第三條　晚餐要吃少　如果能夠不吃　對腸胃最好
健康第四條　早上起得早　養成早睡早起　身體一定好
健康第五條　晨間空氣好　赤腳踏著大地　做做宇宙操
健康第六條　每天常微笑　保持心平氣和　不要有煩惱
健康第七條　洗臉和洗澡　要有正確方法　方不容易老
健康第八條　環境保持好　注意空氣流通　公害要減少
健康第九條　菸酒要戒掉　刺激性的東西　儘量要吃少

健康第十條　活動保健康　不讓兒孫為你　事事代效勞
健康第十一條　姿勢保持好　使用木板椅床　骨頭才會好
健康第十二條　不要閒手腳　要從忙中取樂　永遠都不老

莊淑旂博士喜歡對著窗前的蘭花，一邊澆水，一邊道早安，這是她每日起床後必做的功課。

二、握緊拳頭歌

《握緊拳頭歌》也是阿娘常常教導大家邊做邊唱的健康歌，尤其把雙手的手指頭握緊，一下握緊，一下拍手，一下往上舉等等動作，讓我們身體健康，是非常好做的運動。

握緊拳頭
拍拍手掌
打開拳頭
把兩隻胳臂
啦啦啦啦
啦啦啦啦

打開拳頭
握緊拳頭
拍拍手掌
向上舉
啦啦啦啦
啦啦啦啦

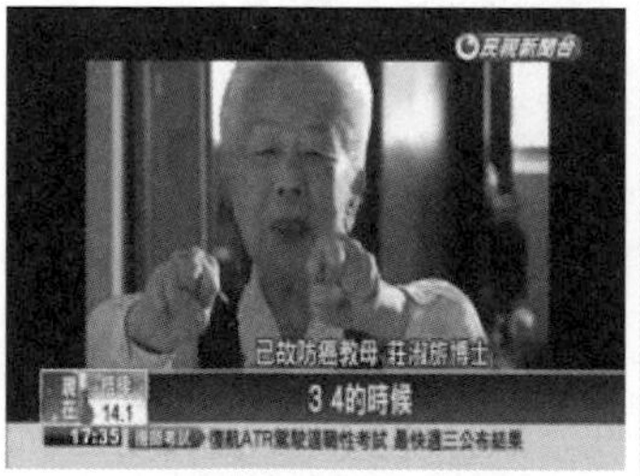

莊淑旂博士時常在電視上教導大家一邊唱握緊拳頭歌，一邊做動作，有益身心。翻拍自民視新聞台節目。

握緊拳頭歌

D調2/4

D　　　　　　　A7　　　D　A7
‖ 3 3 2 | 1 1 | 2 2 | 3 2 1 |
握緊　拳頭　打開　拳頭

D　　　　　A7
| 5 5 4 | 3 3 | 2 1 2 3 | 1 － |
拍拍　手掌　握緊拳　頭，

G　　　D
| 3 3 4 | 5 5 | 6 6 | 5 4 3 |
打開　拳頭　拍拍　手掌

D　　　　　G　　　A7
| 3 3 4 | 5 5 | 6 6 | 5 － |
把兩隻　胳臂　向上　舉，

D　　　　　A7　　　D
| 3 3 1 | 1 1 | 2 2 | 3 2 1 |
啦啦　啦啦　啦啦　啦啦

A7　　D　　A7　D
| 5 5 4 | 3 3 | 2 1 2 3 | 1 － ‖
啦啦　啦啦　啦啦　啦。

三、莊博士健康嘉言錄

※今天的疲勞，今天消除。
※早上吃好，中午吃飽，晚上吃少不吃更好。
※飲食原則 3:2:1，早餐是3等份，中餐是2等份，晚餐是1等份。
※廚房代替藥房，寧可食補不要藥補。
※飲食習慣不花錢、不費力，只要費些小小的心思，就可以讓您過著健康的生活。
※最好的醫師是自己，最好的醫院是廚房；最好的藥物是食物，最好的療效是時間。
※感冒是萬病之源。
※每天做「防癌宇宙操」，增加免疫力。
※每天記錄自己的基礎體溫，可以瞭解自己的身體狀況。
※晚上的溫診，可在晚餐前身體感到最疲勞時進行。
※吃食物儘量吃原味，吃出大自然賜予的味道，增強我們的免疫力。
※做雞盹湯，一天分數次喝，就會增加體力。
※如果擔心麻痺，請做指頭指壓，使血液循環暢通，當可減輕若干。
※青春痘可用蛋白來塗，脫髮用蛋黃洗髮加以治療。

※精神不寧、血壓高、血壓不穩的人，請喝蓮藕絞汁，加些鹽會更好。

※每天喝決明子茶就是最好的養生飲料，降三高，利尿又減重。

※女人一生中有三次改善體質的機會，即初潮期、懷孕生產期、更年期，這就是女人的三春。

※每次月經來的時候，就做個小月子，可以改善自己的體質。

※孕婦懷孕時期就要養胎，對孩子對自己的健康有幫助。

※產婦做月子，好好把健康補回來。

※肺與大腸相表裡。

※有口腔炎的人，可以多吃熟番茄加鹽巴。

※有皮膚病的人，可以多吃豬皮凍（豬皮放入酒、薑、鹽，慢火熬6小時，待涼後放入冰箱，再切塊狀吃）。

莊博士喜練毛筆，字跡清秀又飄逸有勁。

四、腹內大掃除（孕婦及產婦禁用）

冬天盛產白蘿蔔與牛蒡，每逢年終歲末，一般上班族常要參加年終尾牙聚餐，而且工作又多又忙，這時不妨利用春節假期，施行阿娘莊博士提出的「腹內大掃除」，不僅可改善便祕、脹氣，還可以解決打嗝、放屁的毛病。腹內大掃除就是一種將胃、腸內所有的廢物一掃而光的方法。它的功用是可協助將體內的老廢物及老廢氣排出，以便能恢復正常體型，更可以改善便祕、脹氣、打嗝等症狀；但是使用此法不適用於下腹部突出者、孕婦、產婦、生理期婦女、打算在1個月內懷孕者、患有低血壓、貧血、十二指腸潰瘍者。

一般來說，平均1至2個月施行一次腹內大掃除即可，實行腹內大掃除的時間建議選用星期假日的時間，因為實行大掃除當天，會因為大腸的蠕動把腸內的老廢物排出，而造成屁聲很大或排便次數很多，所以選在星期假日實行比較不會尷尬不方便：

材料：

1. 白蘿蔔汁……………每一公斤體重需要 40c.c.
2. 牛蒡片………………每一公斤體重需要20公克

3. 鹽漬梅……………每十公斤體重需要1個
4. 仙杜康……………1至1.5盒（體重60 kg以上者須1.5盒）

做法及吃法：

1. 將白蘿蔔連皮洗淨，以果菜機榨成白蘿蔔汁，每一公斤體重需要 40C.C. 的量備用。
2. 將牛蒡仔細刷淨後切成薄片，每一公斤體重需要20公克的量備用。
3. 將白蘿蔔汁、牛蒡薄片及鹽漬梅（每十公斤體重需要一個的量）放入深底鍋內，以大火煮沸後，改以小火烹煮兩小時，這時記得要加蓋。
4. 以過濾網將煮好的蘿蔔牛蒡汁及牛蒡渣分開。
5. 將過濾出來的蘿蔔牛蒡汁再以大火（不要加蓋）濃縮到一定體積（每一公斤體重1天的濃縮湯汁分量為15至 18c.c.）後趁熱倒入熱水瓶中保溫。
6. 待牛蒡渣涼後，將之分成6等份，裝入塑膠袋裡，放入冰箱冷凍庫中保存待用。
7. 每實行一次腹內大掃除，需要連續食用7天，並搭配「仙杜康」（每日4至6包）。
8. 實行的第一天必須斷食，只能喝濃縮湯汁，下午3時後吃「仙杜康」（每日4至6包），不可再吃其他食物，上午起床空腹即開始喝前一天已煮好裝在保溫瓶中的濃縮湯汁，必須分幾次但每次份量可以不一樣，在當天下午3時以前喝完即可。等湯汁全部喝完後，開始吃用捲葉萵苣或新鮮A菜（每一公斤體重需用5公克的量）包著「仙杜康」。

9. 第二天以後，連6天的早餐前要吃牛蒡渣和「仙杜康」（每日4至6包）。在服用牛蒡渣的前一個晚上取出1袋，放在冰箱冷藏庫解凍。在早餐前將之蒸約20分鐘，於飯前以正確的咀嚼法慢慢吃完後，接著吃「仙杜康」，最後再吃早餐。亦可先吃一點飯菜再吃牛蒡、「仙杜康」較不會反胃。

養生村06

我的阿娘，莊淑旂傳

第一位女中醫師的國寶級養生智慧

作者—莊壽美
策畫—戴月芳
特約編輯—ST STUDIO
責任編輯—程郁庭
責任企劃—汪婷婷
美術設計—李文順
董事長—趙政岷
總經理
總編輯—周湘琦
出版者—時報文化出版企業股份有限公司
10803台北市和平西路三段二四〇號三樓
發行專線—（〇二）二三〇六六八四二
讀者服務專線—〇八〇〇二三一七〇五
（〇二）二三〇四七一〇三
讀者服務傳真—（〇二）二三〇四六八五八
郵撥—一九三四四七二四時報文化出版公司
信箱—台北郵政七九～九九信箱
時報悅讀網—http://www.readingtimes.com.tw
電子郵件信箱—books@readingtimes.com.tw
生活線臉書—https://www.facebook.com/ctgraphics
法律顧問—理律法律事務所　陳長文律師、李念祖律師
印刷—盈昌印刷有限公司
初版一刷—二〇一六年十二月三十日
定價—新台幣四三〇元
ISBN—978-957-13-6851-1

時報文化出版公司成立於一九七五年，並於一九九九年股票上櫃公開發行，於二〇〇八年脫離中時集團非屬旺中，以「尊重智慧與創意的文化事業」為信念。

國家圖書館出版品預行編目（CIP）資料

我的阿娘・莊淑旂傳:第一位女中醫師的國寶級養生智慧 /
莊壽美作. -- 初版. -- 臺北市 : 時報文化, 2016.12
面； 公分. --（健康與飲食；107）
ISBN 978-957-13-6851-1(平裝)
1.莊淑旂 2.中醫師 3.臺灣傳記

783.3886　　105022935